配套 同步音频
精彩故事尽在其中

趣味 讲解视频
标点用法轻松掌握

下载 自测练习
标点符号演练台等你来

"码"上加入

U0783089

标点符号历险团

图书在版编目（CIP）数据

标点符号历险记 / 李清民，韩兴娥著. -- 2 版.
南昌：江西人民出版社，2024. 8. --（韩兴娥课内海
量阅读丛书）. -- ISBN 978-7-210-15316-0

Ⅰ. H155-49

中国国家版本馆CIP数据核字第20249V1M20号

标点符号历险记　　　　　李清民　韩兴娥　著

策 划 编 辑：杨　帆
责 任 编 辑：胡文娟
书 籍 设 计：游　珑
绘　　　画：狼仔插画工作室

 出版发行

地　　　址：江西省南昌市三经路 47 号附 1 号（邮编：330006）
网　　　址：www.jxpph.com
电 子 信 箱：alisahu126@126.com
编辑部电话：0791-88672031
发行部电话：0791-86898815
承 印 　厂：江西千叶彩印有限公司
经　　　销：各地新华书店

开　　　本：787 毫米 ×1092 毫米　1/16
印　　　张：10.5
字　　　数：100 千字
版　　　次：2017 年 8 月第 1 版　2024 年 8 月第 2 版
印　　　次：2024 年 8 月第 1 次印刷
书　　　号：ISBN 978-7-210-15316-0
定　　　价：36.00 元
赣版权登字 –01-2024-343

韩兴娥课内海量阅读丛书

标点符号历险记

BIAODIAN FUHAO
LIXIANJI

李清民　韩兴娥◎著

江西人民出版社
Jiangxi People's Publishing House
全国百佳出版社

人物介绍
RENWU JIESHAO

感叹号 —警棍儿

高个子，自信，有点儿性急，又有点儿鲁莽，遇事不冷静，经常快人快语。

句号 —圈圈儿

会气功，能变大变小，关心他人，有团队精神，为人最热心。

逗号 — 小不点儿

经常甩她的长辫子，
一路上勇敢无比。

问号 — 大头

头大，胆小怕事，瞻前顾
后，畏缩不前，老是说丧气话。

省略号 — 珠子

头脑灵活，机智幽默，
经常妙语连珠。

目录 MULU

在很远很远的山区有个民族，那里的人说话像打机关枪，写文章也不用标点符号。你想想，这怎么行呢？因此，国王号召全国各地的标点符号去那里安家落户。首都标点符号学校的感叹号、句号等五个同学一道报名，却遭到班主任的竭力反对，他们只好偷偷地出发了。这一路困难重重，他们到底遭遇了什么？

听音频

在伯舒岭山区的原始森林里，最近，发现了一个少数民族部落。这个部落的人，说话没停顿，快得像打机关枪，除了他们自己，其他人根本听不懂。甚至，有时连他们自己都闹误会，弄得啼（tí）笑皆非。他们的书面语言中也没有标点符号。这样，他们同其他民族就没有办法进行文化交流了。为此，国王亲手写了告示，派使者发到全国的每个角落，号召标点符号们到伯舒岭去。

到处贴着的告示，谁都该看得到。可奇怪的是，首都标点符号学校的学生警棍儿却一点儿消息也不知道。其实，这告示警棍儿是见到过的，然而，他不知什么时候养成了大大咧（liē）咧的毛病，看书读报一目十行（háng），有时候甚至连文字也不看，只要看到里头有自己的英雄形象，就感到心满意足了。

警棍儿是一个感叹号。他的形象确实威武。瞧，在

1

所有的标点符号中要数他的个子最高，身体最棒，力气最大了。正因为这样，他在班级中自以为是老大，不仅在篮球场、足球场上指挥这个，指挥那个，就是在平时，也动不动就粗喉咙（hóu lóng）高嗓（sǎng）门地训斥（chì）别的同学。他的脸一板，比下暴雨前的天空还难看，所以，同学们就叫他警棍儿。"做警棍儿有什么不好！"他不但不生气，反而有点儿得意扬扬，说，"警棍儿能指挥所有。哈哈！我那么一挥，就连校长的轿车也得（děi）规规矩矩地停下！"

这会儿，感叹号正一个人在篮球场上玩耍。瞧，他脚一踮（diǎn），一跳，身子一挺，腾（téng）空投出一个球，高叫一声："中！"球果然乖乖进篮筐了。他高兴极了，在原地蹦（bèng）了三蹦。

"警棍儿！警棍儿！告诉你一个好消息！"忽然，有一个人闯（chuǎng）到了他面前。

感叹号低头一看，见是他的同班好朋友圈圈儿，就用手擦了擦额（é）上的汗问："什么好消息？快说！"

圈圈儿是句号。他不知什么时候，也不知从哪个师傅那里学会了气功，只要一鼓气，平时小得像芝麻的身体，就能渐渐大起来，大得像个救生圈。所以，他自称"救生圈圈儿"。可是，大家觉得叫起来太拗（ào）口，就省去了前面两个字。圈圈儿虽然没有救过人——那是因为没有机会，但是，他乐于帮助别人的精神是众所周知的。这不，现在他就主动向警棍儿报信来了。

感叹号一听，高兴得蹦了起来。他紧紧抱住句号，在原地转（zhuàn）了九九八十一圈，然后，又发狂似的将好朋友直往空中抛（pāo），大声叫着："那太好了！那太好了！哈哈！我们俩一起到伯舒岭去！"

"别抛了，别抛了，我有点儿受不了啦！"句号叫唤着。他生来就是沙喉咙，所以，尽管拼命叫，声音还是低低的。

感叹号连忙把句号放了下来。

句号稳住脚，说："警棍儿，先不要高兴，我们还是赶快到学校去报名吧，去晚了，就轮不到我们了。"

"我俩轮不上，谁还有资格！"感叹号拍拍胸脯（pú），大声地说，"走！圈圈儿，我们这就去报名！"说着，便一蹦，冲出了篮球场。

"慢点儿，请等一等我。"句号叫道。

"唉！看你，看你，总慢吞吞的！我都急得嗓子里冒烟了！要是真赶不上报名，那怎么办！"说着，他回过头直叫，"快点儿！快点儿！"

可是，句号仍然站在原地不动。

感叹号觉得奇怪，问道："你怎么啦？快走啊！"

"嗯。"句号应着。可是，他刚挪（nuó）动了一下身子，便不由自主地旋转（xuán zhuǎn）起来。霎（shà）时，他只觉得天和地换了位置，篮球架横了过去，教学大楼在倾（qīng）斜着倾斜着……

看到句号在原地打圈圈，感叹号慌张得手足无措（cuò）了，直叫："你怎么啦！你怎么啦！"

句号不应声，还在原地打转，而且越转越快，就像一个陀螺（tuó luó）一样。

"不好！他准中邪（xié）了！"感叹号赶紧上前，一把

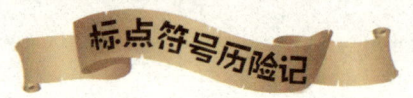

拉住了句号。

可是，句号转得太快了，感叹号非但没拉住他，反而被甩（shuǎi）得重重地跌（diē）了一跤（jiāo）。

"哎哟！"感叹号叫了一声，在地上打个滚，又一个鲤（lǐ）鱼打挺爬起来，费了九牛二虎之力，好不容易才把句号拉住。

"嘿嘿，嘿嘿。"句号不好意思地笑着，说，"刚才，我的头晕（yūn）得太厉害了。好，这会儿没啥了。走吧，咱报名去。"

"都怪我刚才太高兴，把你折腾苦了，真对不起！"感叹号这才恍（huǎng）然大悟。

"我们是好朋友，还说这话干什么？"句号微微一笑。

感叹号拉着句号，飞快地朝校长室跑去。

校长室门口，已经黑压压地挤满了人，他们都争抢着要报名。

"你们也想到伯舒岭去？"这时，徘徊（pái huái）在人群外围的大头，向感叹号和句号迎了过来。

"那当然！"感叹号大声说。

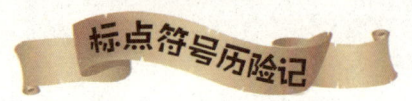

"嗯。"句号点了点头。

"伯舒岭离这里究竟有多远？还有，那里究竟好不好哇？"大头发出一连串问号。

"管它有多远！"感叹号说，"那里当然好啰！在原始森林里，树上到处是松鼠、小鸟、猴子，地上到处是大象、梅花鹿、狍（páo）子，简直是个天然动物园！"

"真的？"大头又问了一句。

"嗯。"句号接上了话茬（chá）儿，"那都是告示上说的，你还不相信？国王可从来没骗过人呀！"

"是啊！你还顾虑啥呢！"感叹号拍了拍大头的大脑袋说，"在这里，咱俩是同桌，到伯舒岭后，咱俩面对面办公怎么样？走，跟我们

一起去报名吧!"说着,感叹号便拉起大头往人群里挤去。

大头就是问号。本来,他的脑袋并不大,但是他胆小怕事,遇事犹豫不决、瞻(zhān)前顾后。比如说让他爬树,他就害怕会从树上摔下来;让他去踢足球,他就担心把腿踢折(shé)了,就是让他在一旁观看,他也担心球飞过来,砸(zá)在自己身上。总之,他的脑袋里总是装着好多好多问题,渐渐地,脑袋就胀(zhàng)大了。因此,大家就叫他大头。这回报名去伯舒岭,他担心的事就更多啦,所以一直拿不定主意。而现在,自己究竟应不应该去报名,他本想再好好考虑一下,但是,手被感叹号拉住了,他怎么好意思说不去呢? 于是,他只得跟着感叹号默默地向前挤。

"让开! 让开!"这时,感叹号一个劲儿地往人群里挤着。

唉! 谁都想先报上名,这个时候,感叹号的威严不灵了。

"再不让,我不客气了!"感叹号呼哧(chī)呼哧地喘(chuǎn)着粗气。

人墙照旧那样坚固。

感叹号又急又恼,把头一扎,不管三七二十一,就往人墙上撞(zhuàng)去。只听得哗啦一声,人墙被撞出了

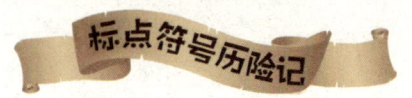

一个窟窿（kū long）。他一使劲儿，钻了过去。

几乎是同时，从墙洞里还钻进去一个人，这就是珠子。刚才，他正苦于没法儿进去呢。

珠子就是省略号，他生性机灵，说话幽默。他长得像一串珍珠，谈吐很有水平，尽管平时

很少言语，但出口便是妙语。妙语连珠，词典中不是有这样的说法吗？

"太感谢你了，警棍儿！"省略号刚站稳，就彬（bīn）彬有礼地说。

"感谢我什么？"感叹号压（yà）根儿不知道是怎么一回事，被闹糊涂了。

"感谢你……"省略号喜欢用动作代替语言，他用手指着墙洞说道。

这会儿，墙洞早就闭合了。

感叹号弄不明白省略号为什么要感谢自己，傻笑了一下，便冲进了校长办公室。

这时候，还在人墙外面的句号和问号有点儿急了。

"警棍儿，请代我报一下名。"句号大叫道。

"警棍儿，你能不能也代我报一下名？"问号也喊着。

"好！好！"感叹号答应着。

负责报名登记的正好是感叹号的班主任。因为她是个小姑娘，所以大家都叫她小姑娘老师。感叹号高兴极了，心想：胳膊肘（zhǒu）总往里拐，这下，去伯舒岭没问题啦！

"老师！"感叹号喜滋滋地说，"我报名去伯舒岭！对！还有，问号和句号也给登记一下！"

　　小姑娘老师抬起头，扶了扶近视眼镜，愣愣地看了感叹号好大一会儿，不说话，也不动笔。

　　"老师，您快给我们登记啊！"感叹号着急地催促着。

　　"还有，"一旁的省略号也趁机说，"老师，请您帮我和逗号也登记一下。"

　　小姑娘老师沉默了一阵，终于说："你们就不要去了吧？"

　　感叹号万万没有想到老师会这么说，粗着嗓子嚷（rāng）嚷开了："为什么不要去了？我们要去！我们要去！"

还是省略号冷静，他心平气和地说："不去可以。只是，请您说明道理，那么……"

小姑娘老师和颜悦色地说："你们都是学校的尖子，将来要考硕（shuò）士、博士，当教授的，学校还要精心培养你们呢。"

"我们就是要到伯舒岭去！"感叹号额上的青筋暴起，成了一根根小警棍儿，他大声说，"我以后不当教授，这总可以了吧?"

"你别冲动。"省略号拉拉感叹号，然后对小姑娘老师说，"您的话是对的。但是，我们到伯舒岭以后，仍然可以自学，将来还能考硕士、博士，当教授的呀！"

"这……"小姑娘老师的脸涨（zhàng）得通红，支吾了好半天才说，"反正，你们几个，我说不能去，就是不能去。你们回去吧！"

感叹号真想大吵一场。可是，他又不能对老师那样不讲礼貌哇。他气得直呼哧呼哧喘大气儿。

"老师，"还是省略号有心计，他决定跟老师磨，就说，"您还是先给我们登记一下吧。至于批准不批准我们去，老师您再考虑考虑吧。如果确实要我们留下，那也得……"

小姑娘老师看了省略号一眼，爱理不理。

正在这尴尬（gān gà）的时候，校长走过来了。他是个和蔼（ǎi）可亲的老人，同学们都十分尊敬、亲近他。

省略号眨巴一下眼睛有了主意，就问校长："校长，伯舒岭需要我们，您说是吗？"

"那当然。"

"那么，我们报名，您一定会支持啰？"省略号又追问一句。

“当然。”

“这样说，您一定会批准我们去伯舒岭啰？”省略号一字一句地问。

“当然。”校长不假思索，脱口而出。

“这就好啦！”省略号故意大声叫起来，“校长批准我们去伯舒岭啦！”

“万岁！我们可以去伯舒岭啦！”感叹号高兴得拖住省略号直夸，“你的口才真好，把校长都说服了。多亏了你！多亏了你！”

感叹号和省略号高兴得直蹦，可是，小姑娘老师却抽动鼻子，“哇”地哭了起来。她缠（chán）着校长说：“您怎么能同意他们去伯舒岭呢？把我班里的尖子生都放走了，我这个老师还怎么当？您去当老师吧，我不干了！”

省略号知道，小姑娘老师这么一哭，准会哭得校长心烦，以致改变主意。于是，他拉起感叹号，急急忙忙地挤出了人群。

“怎么样？都报上名啦？”等在外面的问号、句号和逗号，马上把他俩围住了。

“总算报上了！”感叹号高兴地说，接着，又把刚才的情况讲了一遍。

大家欢呼雀跃起来。

"是不是真到了该高兴的时候?"突然,问号说话了,"我看,如果小姑娘老师一直这样哭下去,校长肯定会改变主意,弄不好,我们谁也去不成!"

问号这么一说,倒真提醒了大家。

"我有个好办法!"省略号眉头一皱(zhòu),计上心来,他把大家拉到了一边,说,"现在,反正校长已经同意我们去了,如果我们马上就乘火车走,校长想变卦(guà)不也……"

没等省略号说完，感叹号就一拍大腿跳了起来，叫道："对！当机立断，我们马上就走！"

"就这样走，怕不好吧？"问号说。

"有什么不好！"感叹号不满地瞪了问号一眼，"你到底想去还是不想去？婆婆妈妈的，不去就拉倒！"

"谁说过不去啦？"问号顶了一句，"我是说，最好跟校长说一声，征得他的最后同意，那么，我们也就用不着偷偷摸摸走了。"

"那谁去对校长说呢？"句号说，"如果校长反悔（huǐ）了，不让我们去，不就糟（zāo）啦？"

"这……"大家一时想不出好办法。

省略号毕竟聪明过人，他皱了几下眉头，说："这样吧，我们把想说的话写在黑板上，事后，校长和老师自然会知道的。"

"好主意，就这样办。"句号说。

于是，省略号便在黑板上写了起来：

亲爱的校长和班主任老师：

响应国王的号召，到伯舒岭去，这是每个标点符号义不容辞的责任。为了人民的需要，我们不留恋考硕士、博士，当教授，我们要到最需要我们的地方去。当你们看到留言的时候，我们已经向伯

舒岭进发了。一路上，我们会相互照顾的，请你们
不要担心和挂念。

再见啦！

此致

敬礼！

你们的学生：！

。

？

，

……

★温馨提示：本书创作的内容是虚拟故事，书中擅自出走等危险行为不可模（mó）仿。

亲爱的校长和班主任老师：

听音频

" 到伯舒岭该怎么走呢?" 问号首先提出问题。

"这不用担心。" 句号说着,从口袋里摸出一张叠得方方正正的地图,把它摊(tān)平在地上,然后瞪大了眼,想查一下伯舒岭的地理位置。

"不用查了!" 省略号说,"我早就看过地图了。它就在我们国家的西部山区,离这儿一万公里。我们只要坐上火车,穿过几座大山,跨过几条江河,就可以……" 他说话节奏感很强,就像是在朗诵一样。

问号听说去伯舒岭有一万公里,惊得把舌头吐出老长一截儿,说:"那么远,

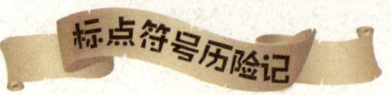

我们能坚持得了吗？"

"怎么不能！"感叹号没好气儿地冲他说。

"有志者事竟成嘛！"省略号拍拍问号的大脑袋说。

"嘿嘿！嘿嘿！"问号憨（hān）笑着说，"我并不是怕路远。我的意思是，逗号是个小不点儿，又是一个女孩，她能经受得了吗？"

"用不着为我担心！"逗号甩了甩头上的长辫子，歪过头朝大头说，"我倒为你担心呢！看你，脑袋比整个身子都重，爬坡下山，不摔不跌才怪呢！"逗号在班里最文静了，但又不缺一股泼辣（là）劲儿，谁敢碍（ài）着她，她的嘴巴可不饶（ráo）人。

　　"你竟敢小看我？"问号气得鼻孔拉风箱儿。

　　"小看你又怎么样？"逗号把长辫甩得噼啪（pī pā）响，说，"要不，咱们比试比试，看谁先跑到火车站前的广场。"

　　"比就比！"问号应战道。

　　"得下个赌注，"逗号想了想说，"要是你输了，就叫我大姐姐，怎么样？嘻嘻！"

　　"可以。"问号说，"要是你输，就得叫我大叔，怎么样？"

　　"没羞，没羞！"逗号眯（mī）着眼，用手指飞快地刮着自己的鼻子，"你想讨便宜，也没这个讨法。哼！要是你真赢了，就叫你一声大头哥，总满意了吧？"

　　大家都被逗号逗乐了。

　　"好，这就比吧。"句号说，"我当裁判。"

　　"好！"大家一致赞成。

　　"各就各位——预备——跑！"句号发出口令。

　　逗号把辫子一甩，把它衔（xián）在嘴里，飞快地跑起来。这时，正好一阵大风刮起，推着她直往前去。

　　可是，大风却害苦了问号。他的脑袋太大了，本来身体的重心就不稳，这回，风直打在他脑袋上，使他整个身子的重心不稳，弄不好就要跌个狗吃屎。他跌了跑，跑了跌，额头还被石子撞出了好几个乌青块，狼狈（bèi）极了。

　　当然，逗号胜了。

　　"快叫声大姐姐！"逗号得意扬扬。

　　"大——不——小……"问号不肯。

　　"赖账可不行。"句号一边拍打着问号身上的灰尘，一边说，"男子汉说话一定要算数。"

"是嘛，是嘛！"大家也附和（fù hè）着。

大家正嘻嘻哈哈的时候，忽然感叹号惊叫起来："不好！大事不好！"

"怎么啦？"大家都紧张起来。

"你们看，那不是咱们的班主任小姑娘老师吗？"感叹号伸手指着火车站检票口说道。

幸亏广场上挤满了人，声音又嘈（cáo）杂，否则，他们早就被小姑娘老师发现啦！

火车坐不成了，这可怎么是好？大家着（zhuó）实慌了。

"快离开这里，分散行动。"省略号冷静下来以后，便急促地说，"到大街上那棵最粗的槐（huái）树下再集合。"

感叹号拔腿第一个跑。句号直往人多的地方钻。逗号一时吓坏了，钻进一片卷着的树叶里，好一会儿才敢探出脑袋。省略号心里虽然着急，但是看起来一点儿也不慌张。这时候，只有问号磨磨蹭（cèng）蹭的，他想：伯舒岭那么遥远，如果翻山越岭时再摔上几个跟头，那可不是好玩的。唉，平地上摔几个跟头，都好疼好疼啊！他想打退堂鼓了。因此，他现在希望老师能发现他，好把他拉回去。这样，人家也不会说他是逃兵。可是，老师偏偏不朝他这儿看。

"你还愣在这里干啥？"这时，逗号从树叶里钻出来，招呼问号说，"快走吧，别让伙伴们在大槐树下等急了。"

问号怕逗号看透自己的心思，于是点了点沉重的脑袋，跟在她后头走了。

五个伙伴化零为整了。一时间，大家都默默无语。

"这可怎么办？"问号嘟囔（dū nang）起来，"老师把住了火车站入口，我们还怎么坐火车？坐不上火车，我们又怎么能到达伯舒岭呢？"

"不用发愁，大头同学！"感叹号说，"坐不上火车，我们可以乘飞机，哈哈！那比坐火车不知要快多少倍呢！"

"乘飞机？"问号来了劲，"那滋味儿一定很美吧？对，咱们改乘飞机去！"

"是呀，起初怎么没想到乘飞机？真是的！"省略号拍着自己的脑袋说，"如果真能坐上飞机，那么，用不了多久就……"

大家又兴奋起来。于是，他们挤上一辆公共汽车，满怀着希望，直奔（bèn）飞机场而去。

不一会儿，汽车开到了飞机场门口。他们刚准备下车，只听感叹号又叫了起来："不好！我们的历史老师正守在机场门口呢！"

大家定睛朝窗外一看，果然那里站着历史老师，而且他正向汽车走来。

感叹号行动最迅速，他一看情况不妙，就哧溜一下爬到了驾驶座的布套上。那是个十分精致漂亮的绒布套儿，

边上缀（zhuì）着密密匝（zā）匝的穗（suì）子。他混在那些穗子中，谁也别想发现他。

句号见椅背上有个细螺栓（shuān），便敏捷地一跳，正好套了上去。乍（zhà）一看，还真有点儿像一个螺母呢！

逗号把长辫当作钩子，插进椅子的木板缝里，倒挂在椅子底下。看来，谁也不会注意的。

省略号的身体比较长，这就不好办了。他急得汗水直淌（tǎng），把车厢（xiāng）的地板都打湿了。突然，他想出了一个不得已的办法，干脆就地一躺，躲到了地板的缝槽（cáo）里。

问号又犹豫起来。他觉得让老师拉回去也不错，省得历经艰险去跑一万公里路。一万公里，就是坐飞机也要很长很长时间哪。起初，他对乘飞机很有兴趣，可是，乘车来飞机场的途中，他又害怕起来。是呀，坐飞机太危险了，飞着飞着，突然发生爆（bào）炸，从天空中摔下来，那不就完啦？所以，他便装作找不到藏身的地方，故意跺着脚直嚷嚷："我怎么办？我藏在哪儿好呢？"

"有你躲藏的地方！"省略号说，"你只要瞧一下售票台，就可以……"

问号抬头一看，只见售票台下部钉着

几个开口羊眼儿，那是让售票员挂毛巾等杂物的地方。他不能再假装糊涂了，于是一跳，就爬到一个空羊眼儿上去了。羊眼儿不大不小，大头躺在上面，还觉得挺舒适呢！

标点符号们都藏得好好儿的。

历史老师来到汽车门口，探头看了看，没发现什么，很快就走了。

可是，标点符号们还是不敢马上出来。过了很久，这辆车子要离开飞机场的时候，他们才一个个钻了出来。他们来到附近的一个小树林子里，在这里商量着办法。

"这一下，我们的计划落空了。"逗号毕竟是个小姑娘，感情比较脆弱，说着，便抹起了眼泪。

"是呀，火车坐不成，飞机也乘不了，要到伯舒岭去，那只能……"省略号平躺在草地上说着，翘（qiào）起脚在空中划动了几下。

"唉！"问号长长地叹了口气说，"依我看，我们还是回去吧！不然，还有什么办法？"

感叹号一听这泄（xiè）气话，立刻火冒三丈，一把揪（jiū）住问号的耳朵，吼道："你在胡说什么？"说完，便抡（lūn）起拳头要揍（zòu）他。

句号眼明手快，往感叹号和问号中间一站，又紧紧抱住感叹号，才好不容易劝住了他们。

感叹号虽然没动手揍问号，但是气仍没有消，还骂不绝口。问号也不甘示弱，和他对骂着。他俩什么样的脏话都骂得出口，树林子里本来挺新鲜的空气都被污染了。

"臭死了，臭死了！"逗号用手帕紧捂着鼻子叫着，"你们别骂人了好不好？再骂下去，空气就会臭得熏（xūn）死人。我可受不了啦！"

"是呀，你们俩别吵了！"句号说，"难道我们一起离校，就是为了到这里来吵架吗？以后的道路还长着呢，困难会更大更多，如果我们不团结一致，要到目的地，那哪成呢？"

句号说话总是很有道理，因此，大家对他十分信服，不管有什么分歧（qí），一经他表态，就没有解决不了的。感叹号和问号都默默地低下了头。

"我看，你们俩握手言和吧。"句号趁热打铁。

"好吧！"感叹号一根肚肠通到底，他紧紧握住问号的手说，"大头，我的脾气不好，请你别记在心上。"

　　问号脸红了，耷（dā）拉着脑袋，也承认了自己的错误："这不怪你。我不该在困难的时候说泄气话。"顿了顿，他又对着句号说："不过，我们究竟怎样去伯舒岭，你拿个主意吧！"

　　"刚才珠子不是提示了？靠我们的两条腿。"句号说。

　　"对，就步行去！那才带劲儿！"感叹号说。

　　"是嘛，路上我们可以采野花儿，跟小白兔赛跑，听小溪（xī）弹琴，那才美呢！"逗号也高兴起来。

唯有问号大吃一惊，心想：步行去，那能行吗？但是，这回他可不好意思再把心里想的话说出来了，于是，抿（mǐn）着嘴一言不发。

"趁天还没黑，我们赶快出发吧！"句号说，"不然，老师们一定还会找我们的。"

"好！"大家异口同声。

见大伙儿都信心十足，问号也打起了精神。

标点符号五人组成的一支纵（zòng）队，正式向伯舒岭进发了。

听音频

3 各有妙招儿

第二天，天蒙蒙亮的时候，他们就走出市区很远很远了。

公路上，车辆开始多起来。他们生怕老师还会追来，于是离开公路，沿着田间小道前进。

空气真新鲜。晨风送来一阵阵花香，把人都快熏醉了。那绿油油的麦子，一畦（qí）一畦的，简直望不到边儿。路边新绿的小草儿，拍着手，扭着秧（yāng）歌，好像在夹道欢送他们。

感叹号从来没有到过乡下，他看到眼前的景色，高兴得手舞足蹈。突然，他两手叉腰，站直身体，又一扭脖子，吟起诗来。

啊！

早晨，我向你问好！

朝霞，是你五彩的裙衣。

露珠，是你恩赐（cì）大地的甘霖（lín）。

微风，是你脸上甜甜的微笑。

旭日，是你温暖的心。

啊！

………………

"哈哈！"省略号走上前，拍拍感叹号的肩膀说，"你也作起诗来了？"

"怎么？我就不能作诗？"感叹号有点不高兴了，说，"你别以为我五大三粗，只会在篮球场上蹦蹦跳跳。哼！其实，诗坛没了我能行吗？"

"看你想到什么地方去了！"省略号又拍拍他肩膀，微微一笑，说，"我是说你的诗作得好，就好比小蝌蚪（kē dǒu）的妈妈唱歌儿——"

"我的诗作得不好，不好。"感叹号憨笑着，一下变得谦虚起来，"我哪能跟秀才你比呢？你的诗读起来才有味儿，能引起人无穷的想象。"

"咯咯！咯咯！"一旁的逗号笑得捧住了肚子。

"你笑什么啊？"感叹号觉得奇怪。

"就笑你呗！"

"笑我什么？"感叹号糊涂了。

"笑你把烂萝卜当作补药吃！咯咯！"

"烂萝卜？哪儿来的？我可不喜欢吃萝卜呢！"感叹号正儿八经地说。

"你呀，真是个大草包！"逗号数落着他，"我问你，小蝌蚪的妈妈是谁？不是癞蛤蟆（lài há ma）吗？刚才，珠子把你作诗比作癞蛤蟆唱歌。那是在骂你呀！被人骂了不知道，还喜滋滋的，你不是个草包是什么？"

感叹号一听，顿时脸变成猪肝色，他一把揪住省略号："你……你为什么要侮辱（wǔ rǔ）我！说！"

"息怒，息怒！"省略号连忙解释，"那是小不点儿跟你开玩笑。不错，癞蛤蟆是小蝌蚪的妈妈，可是，还有青蛙呢！刚才，我说的是一句歇后语，意思是——"

"小蝌蚪的妈妈唱歌儿——呱呱叫！"逗号接上了话茬儿。

"说我作的诗呱呱叫？"感叹号不好意思地笑笑，用手直抓头皮。

"称赞了你，你还生气。真有你的！"句号婉（wǎn）言批评着感叹号，"遇事儿得冷静些，总是那么冲动，可不好啊。"

"是呀，是呀！"感叹号直点头。

纵队继续前进。突然，一条水沟挡住了他们的去路。他们想绕道，可是，这水沟太长了，怕要多走好几天路呢！

　　"这可怎么办?"问号发愁了。

　　"闯过去!"感叹号第一个发表意见。

　　"且慢!"省略号摆摆手,说,"看来,我们要依靠集体的智慧和力量去过水沟了。"

　　"那么,究竟怎样才能过得去呢?"问号愁得额上的皱纹高高隆(lóng)起,简直成轨(guǐ)道了,连电车都能在上面跑。

　　"就这样……"省略号把过水沟的方案一五一十地说了。

　　"好办法!"其他人都表示赞成,唯独问号一个劲儿地摇头:"不行,不行!让我那样过,太危险了!"

　　"只要你胆大心细,完全没问题的。"句号帮他打气说,"这是珠子帮你设计的最佳过沟方案,否则,你只能一个人留在这里了。"

　　前不着村,后不着店的,一个人留在这里有多可怕呀,倒不如硬着头皮干吧。问号有了那么一点点儿勇气。

　　现在该八仙过海——各显神通了。

　　这回,逗号最神气了。她会游泳,凭这本领,她当上了开路先锋。想想吧,那个在男同学眼里胆怯(qiè)的小姑娘,竟然第一个去征服困难,那是最最最值得骄傲的。于是,她伸胳膊踢腿,做了一会儿准备操后,就扑通下了水。她跳水的动作真美,扎下去连水花都不溅,等冒出头来的时候,已经过了一半路程。这时,她双腿踢打着水,抬着脑袋,高声叫着:"伙伴们,我在对面等着你们哪!"

　　句号也是单干。只见他后退了几步,然后运气把身体鼓得大大的,接着,便快速滚动起来。"嗖!嗖!"他顺顺当当地飞越过去了。

　　现在,该合作了。省略号早找来了两根细绳子,把感叹号和问号绑（bǎng）起来，形成了一张弓。然后，自己躺在上面。他稳了稳神儿，便叫道："警棍儿，准备！收腹——放！"

感叹号收腹时用的劲儿太大了，竟把省略号弹出老远老远，要不是对面那棵树挡住，说不准能飞出一两公里。"哎哟！疼死我了！"省略号摔得散了架，在树下打了九九八十一个滚，才好不容易恢复了原状。

轮到问号过水沟了。可是，他和感叹号被绳子绑在一块儿，没法动弹了。

"咯咯！咯咯！"逗号见了，笑得直甩长辫儿。

"哈哈！哈哈！"句号也乐了，张大嘴直笑。

"你们还笑？笑个屁！"问号怒气冲冲。

"哎呀，"省略号拍打着自己的脑袋说，"都怪我考虑不周，都怪我……"他来到句号面前问："你看，这该怎么办？"

"我重新回去，帮他们解开绳子，不就得了！"句号说。

"不行。"省略号说，"你只能过来，没法儿过去。瞧，对岸的地势比这里高哇。"

"那只有看我的啦！"逗号得意地说。

"嗯。"省略号点点头，"也只有你才能……"

逗号更得意了，说："当初，你还说什么带我去伯舒岭是累赘（zhuì），可事实怎么样？纵队里，没我能行吗？"

"你的作用大大的，你是女中豪杰！"省略号顺水推舟，给她戴高帽子。

逗号很快上了对岸。

松了绑以后，问号开始摩拳擦掌起来。忽然，他又迟疑起来，说："我照珠子的办法过水沟，到底行不行啊？"

"哪能不行！"感叹号催促着他，"只要我俩配合得好，准成功！"

"我怕摔在水沟里，那不就完啦？"问号忧心忡（chōng）

忡，"要不要在平地上试一试？"

"试啥？那多麻烦！"感叹号说，"你还磨蹭什么！要不，我过去了！"

"好，好！我这就准备。"问号终于鼓起勇气，助跑了一阵，然后闭紧眼，脚一踮，腾空跃了起来。

说时迟，那时快。只见站在沟沿上的感叹号身体微微一倾，腰一扭，头一摆，对准问号的脊（jǐ）梁顶了一下。就像足球运动员头球射门一样，问号让感叹号顶过水沟去了。

可是，就在空中那么一瞬间，问号也想得很多很多。他最担心的是，感叹号会不会顶空了或者顶歪了？那样，他就糟啦。还有，他跟感叹号吵过架，趁这会儿，他会不会寻自己开心？另外，感叹号那石头硬的脑袋，会不会顶断自己的脊梁骨儿？他正想着，身体已经扑通一声落地了。不好，他脚跟着地，怎么也站不稳，仰天就是一跤，还把脚脖子扭伤了，疼得哎呀哎呀乱叫。

最后，感叹号一蹦跶，轻而易举地过了水沟。

休息一阵后，他们继续赶路。

省略号采来了松脂（zhī），帮问号擦拭过了，所以，他的脚伤好些了，但是，走起路来仍钻心似的疼。句号看到同伴那样痛苦，心里可难受啦。要是自己扭坏了脚脖子，能让问号伤愈（yù），他也会干的。可是，这是不可能的。感叹号总以为问号摔伤，是因为自己没掌握好力度，将他顶得太猛了，所以心里有愧（kuì），不知向他道歉了多少回。逗号不嘻嘻哈哈了，时不时用手帕帮问号擦去脸上的汗水。

忽然，句号叫了起来："我有办法了，可以减轻大头的痛苦。"

"真的？"问号喜出望外。

"嗯。"句号喜滋滋地说，"大头，你快躺下，把脚翘起来。"说着，他便哧溜一下套到了问号的脚脖子上，然后一点儿一点儿收紧。"这样行了吧？"他问着问号。

"行，行！"问号直点头。哈哈，句号套在他的脚脖子上，就像套着护踝（huái）一样，问号觉得不那么痛了。

就这样，他们走了一上午。

吃过中饭，又休息了一会儿，问号觉得脚脖子奇迹般地不疼了。照理，他应当感谢句号，可是，他却这样想：本来嘛，我的脚伤就不那么厉害。圈圈儿就是奸猾（jiān huá），他趁机假惺（xīng）惺地做我的护踝，这样便可

以不用赶路了。让我带着他跑，没那么便宜！于是，他就对句号说："我脚脖子不疼了，你也该自己赶路了。"

"你这是什么话！"感叹号瞪了问号一眼。

可是，句号倒不动气，说："我知道，你的伤还没有完全好，要没我裹（guǒ）着，你还会疼的。"

"还赖着不肯下来呢！"问号心里这样想，于是说："你别假充好人了！我知道，你表面上是为我好，实际上是为了自己不用赶路。我没说错吧？让我一个受伤的人带你跑，你不觉得有愧吗？"

"你这真是好心当作驴肝肺！"句号想不到问号会说出这样的话，真生气了，于是从他的脚脖子上下来了。

"啊，这样轻松多了！"问号得意扬扬地说。

"你这没良心的家伙！"感叹号打抱不平，扬起拳头，又要揍问号。

"算了，算了！"句号、逗号、省略号一起劝住了感叹号。

把别人的好心当作恶意，会受惩罚的。果然，没一会儿工夫，问号的脚脖子又疼起来。开头是隐隐地疼，后来是针刺一样地疼，接着是热辣辣地疼，最后是钻心似的疼。他受不了啦，疼得在地上打滚。

"还是让我去做他的护踝吧。"句号心软了。

　　"不！"感叹号拉住了句号，说，"让这个没心肝的东西吃点苦头吧！"

　　"不，不！"句号说，"对待同学不能这样。减轻他的痛苦，现在只有我行。"

　　"圈圈儿，好圈圈儿！"这时，问号一边在地上打滚，一边气喘吁（xū）吁地说，"你再帮帮我的忙吧！刚才是我不对，请你多多原谅！"

　　"行！"句号二话没说就继续做问号的护踝。

听音频

4 都是广播惹的祸

下午三点钟光景，他们走进了一个山沟。山沟的两面，参天大树郁（yù）郁苍苍，就像巨大的绿屏（píng）障。小涧（jiàn）水清浪碧，哗哗作响，奏着轻快优美的小曲儿。

"这里多凉快啊，我们还是歇歇脚再走吧。"逗号提议。

"行。"句号说。

于是，大家便横七竖八地躺倒在树荫下，一会儿，他们便呼呼睡着了。

是呀，他们年纪都这么小，却赶了那么多路，怎能不疲乏（pí fá）呢！

可是，太阳偏偏跟他们作对，它使魔法把树荫挪了个位置，然后火辣辣地晒他们。

第一个被晒醒的是感叹号。他想换个地方再睡，可是，刚站起来，

就直挺挺地跌倒了。"哎呀！不好！我的腿不能站立了！"他失声惊叫起来。

这一叫，把大伙儿都惊醒了。他们也纷纷试了试各自的腿，都觉得硬邦邦的，打不过弯来了。

"这可怎么办？"问号哭丧着脸说。

"办法当然有！"感叹号说，"那时，我参加校篮球队，第一场比赛打下来，两条腿也是这个样子，后来，教练帮我按摩一阵就好了。不过，现在我们都不能站起来，就没法互相按摩了。"

"这样说，我们只能静静躺在这里了？"逗号问，"躺多长时间，腿才会好起来？"

"像我，得躺三天三夜。"感叹号说，"不过，你们就说不准了，恐怕得躺五天五夜。"

"不用！不用！"这时，句号高兴地叫了起来，"有我呢！我的腿好好儿的，我可以帮你们按摩。"说着，便哧溜一下从问号的脚脖子上下来了。

"先帮我按摩！"问号叫着。

"不。"句号说，"得先帮警棍儿按摩。他的腿好起来快，我们就可以多一分力量。"

没一个小时，他们的腿都能走路了。

感叹号照例走在最前面。突然，他高兴地叫了起来："你们看，前面有个村庄！"

顿时，大家都高兴起来。是呀，有村庄，就有人家，有人家，就可以找到汽车或自行车。这样，就可以求人帮忙，把他们送到附近的火车站或汽车站，他们就可以乘车去伯舒岭了！

可是，他们刚兴致勃勃地走到村口，就突然停住了脚步。原来，路边电线杆上的大喇叭里，这时正在播放一条令他们震惊的新闻：

首都标点符号学校学生感叹号、问号、逗号、句号和省略号五位同学，自听到国家发出的"到伯舒岭去"的号召以后，没有经过学校批准，就偷偷地离开了学校，步行前往伯舒岭了。他们的身体都很不好，根本适应不了伯舒岭的艰苦生活。所以，希望沿途各地的群众发现他们后，要做好他们的思想工作，并把他们送回学校。

一听到这条新闻，感叹号立刻暴跳如雷："我们的身体都很好！棒得很！能经得起艰苦生活！"

省略号也来了气："谁说我们没有经过批准？校长不是点过头了吗？"

"是呀！"逗号说，"这广播真是胡说八道！"

这时，句号比较冷静，说："这不是广播胡说八道。那一定是老师和校长编造的谎言，想让人们把我们几个拦回去。"

感叹号更加气愤了，说："校长怎么能说话不算数呢！他即使变卦，也不能说谎呀！"

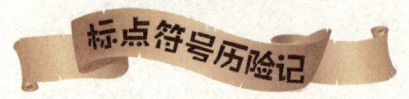

　　"校长肯定同意我们去。"省略号分析道，"一定是我们的班主任老师一直哭，校长没办法，才那样做的。"

　　句号说："我们既然出来了，就不能半途而废。我们必须立刻离开这里。"

　　"就这样步行下去？"问号终于说话了，"这样走下去，总有一天，我们会被人们发现的。如果被人抓住，我们不就前功尽弃（qì）啦？"

　　"唉！"省略号长叹了一口气，也拿不出主意。是呀，刚才那条新闻把他思维机器上的几个螺丝帽儿震松了，一时，脑瓜儿转不动了。

　　谁也没有好办法，五人纵队乱了阵脚！

5 获救 vs 受骗

他们一直没有想出办法。正在担心被人发现的时候，一个小姑娘偏偏来到了他们面前。

"你们几个为什么在这里唉声叹气呀？"小姑娘用友好的目光望着他们。

逗号猛一抬头，见面前是个小姑娘，惊慌得直往警棍儿后面躲。

"我不会伤害你们，请放心吧。"小姑娘笑着说，"你们从哪儿来？打算到哪儿去？"

感叹号刚要回答，省略号抢先说道："我们是从东……东……东面来的，要到西面去……去……去旅游。本来，我们是坐汽车来的。可昨天夜里，汽车坏了，我们在车外玩，汽车修好后就开走了，我们就被留在了这里。所以，我们只好步行前进了。"

"是这样。"小姑娘想了一下，然后又对标点符号们说，"这样吧，你们先到我家休息一下。等我爸劳动回来，用拖拉机送你们去火车站，你们再坐火车去旅游好吗？"

逗号觉着这姑娘并不知道他们的事，而且让他们坐拖拉机，因此，高兴地说："那太感谢你了！"

小姑娘笑着说："谢什么呀！就算我们交朋友好吗？"

感叹号高兴地跳了起来，说："那太好了！有你这个朋友的帮助，我们就不发愁了！"

小姑娘又说："既然我们成了朋友，那就走吧，到我家去！"

"走！"省略号说着，拉起同学们，跟着小姑娘向村里走去。

小姑娘把标点符号们请到家里，安排好他们休息以后，就要上学去。

标点符号们都不放心，他们以为小姑娘要去告他们，好让人们来把他们抓起来，送回学校去。因此，他们拔腿就要离开小姑娘的家。

小姑娘慌忙拦住他们，说："怎么了？我家不好吗？"

　　这时，标点符号们你看着我，我看着你，谁也不说话。

　　小姑娘弯下腰来，拉住逗号的手，说："小妹妹，我叫兰兰，你就叫我兰兰姐吧！现在，上课时间快到了，我必须马上到学校去上课。等我放学回来，再和你们玩。"

　　逗号仍不放心地问："兰兰姐，你不会出卖我们吧？"

　　"什么？出卖你们？"兰兰不理解逗号的话。

　　省略号见逗号说漏了嘴，忙解释道："她是怕你不让我们坐拖拉机，不送我们走，白让我们在这儿待几天。"

　　兰兰说："既然我做了你们的朋友，又做了你们的姐姐，朋友之间、姐弟姐妹之间还会互相欺骗（qī piàn）吗？如果你们信不过我，那好吧，我不去上学了，在家里和你们玩。"兰兰说着，便将书包放在了桌子上。

　　句号忙说："这怎么好？随便旷（kuàng）课，老师要批评的。兰兰姐，你放心，我们就在这里休息。我相信，你是不会欺骗我们的。"

　　可是，逗号仍不放心，说："兰兰姐，那我们拉钩发誓吧？"

"好呀!"兰兰说着,便伸出了小拇指,钩住了逗号的小指头,一起发誓。

"拉钩,上吊,说话不算数,一辈子长不高!"

拉完了钩,逗号才算放下了心。兰兰便拿起书包,上学去了。

其实，兰兰真的不知道广播里寻找标点符号的事。可是，当她来到学校以后，马上便听到同学们都在议论今天早晨播放的寻找标点符号的新闻。

兰兰想：广播里找的标点符号，莫非就是他们？但是不对呀！广播里说标点符号要去伯舒岭工作，而他们说要去西面旅游哇！兰兰又想起逗号说的出卖他们的话，心里不免产生了疑问。

兰兰放学以后，急急忙忙地回到家里。她站在门口，从门缝里看了看标点符号们，只见他们正在争吵。

省略号振振有词地说：“我们不能这样一直等下去，兰兰姐要是真的知道了我们的事，恐怕她……”

“不！我和兰兰姐是拉了钩、发了誓的，兰兰姐绝不会出卖我们！”逗号也理直气壮地说。

感叹号嚷道：“什么拉钩发誓的？兰兰姐要是知道了我们就是广播里找的标点符号，她肯定会告诉其他人，把我们送回学校去的！”

兰兰听到这里，方才大吃一惊。原来，广播里找的标点符号就是他们。兰兰想去告诉老师，可又怕标点符号们走掉；她又想等爸爸妈妈回来，可爸爸妈妈一起下地干活去了，到晚上才回来呢！这可怎么办？

突然，兰兰想出了一条妙计。于是，她推门走进屋里，

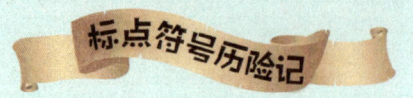

把书包往桌子上一扔，一屁股坐在椅子上，唉声叹气起来。

标点符号们见兰兰这样，赶忙围过来，关心地问道："兰兰姐，你怎么了？"

兰兰说："老师今天讲的课，我一点儿也没有听懂。"

感叹号忙问："老师今天讲的什么课？"

兰兰说："讲的是怎样使用标点符号。"

逗号喜滋滋地说："这还不好办？来！兰兰姐，我们一起教你！"

"对，我们一起教你！"其余的标点符号们异口同声地说。

兰兰非常高兴。她拉过书包，拿出一张纸来，在上面写了一句"我们的学校很美丽"。

这时，句号立刻跳了上去，站在句子的末尾，并解释道："兰兰姐，这里就用我。不论句子长短，只要它表达了一个完整的意思，就用我表示结束。"

"哦，是这样！"兰兰说着，又继续写了一句"你去过我们学校吗"。

问号的脚虽然好多了，但现在还有一点儿疼。这时，他一见该自己出场了，便拐着脚跳了上去，并说："兰兰姐，这儿就用我。凡是表示疑问的句子，总是我压阵。"

兰兰看着问号不顾疼痛给自己讲解，心里很过意不去。

可是，她想到，为了让这些标点符号们不再吃苦，就应该让他们回学校去。所以，她一咬牙，又继续写了一句"我们的学校好大呀"。

这时，感叹号立刻跳到纸上，说："这里就应该发挥我的作用了！凡是一句话，表示强烈感情，或者表示说话的声音很大，或者既表示疑问的语气又表示感叹的语气，这些句子末尾就都是我的位置！"

"哦，我懂了。"兰兰说着，又继续在纸上写着"我们的校园里"，逗号急忙跳了上去，尖声细气地说："这里得用我！因为这句话没有说完，又需要停顿一下。"

"哦，我懂了。"兰兰看着逗号那天真的样子，笑着说。

兰兰继续在纸上写着"种着菊花、月季、鸡冠花、扶桑、白兰花、一串红、芍（sháo）药、牡丹"。

"不要写了！不要写了！"省略号还没等兰兰写完，就大叫着跳到了纸上，挤在了"鸡冠花"的后边，并解释道，"校园里种了很多花，但不能把它们全部写下来，那样既麻烦又啰唆。所以，列举出几种花以后，其他的花就不必再写，用我代替就可以了。这就是我的作用……"

省略号的话还没说完，兰兰便连忙把这张纸折叠起来，装到了一个信封里。

这下，标点符号们慌了。逗号一边哭一边问道："兰兰姐，你要干什么？我们可是拉过钩、发过誓的，你可不能欺骗我们哪！"

兰兰对着信封口说："逗号小妹妹，实在抱歉得很！可是，为了让你们少吃些苦，我还是要把你们装在信封里，寄回你们学校去。你们不经校长同意就跑出来，是错误的呀！"

感叹号急忙辩解道："兰兰姐，我们是经过校长同意了的！只是我们的班主任老师不同意，硬向校长哭哇闹哇，校长没了办法，才找我们回去的！"

兰兰笑着说："好了，你们不要骗我了，回到你们学校再说吧。"说着，兰兰用糨（jiàng）糊把信封口糊上了。

标点符号们在信封里又是哭闹，又是哀求，又是喊叫。可是，兰兰硬硬心肠，还是准备把他们送回去。

标点符号历险记

6 感叹号被大鱼吃了

听音频

兰兰拿着信封，出了家门，一路朝邮局跑去，她要把标点符号们寄回他们的学校。

邮局在河对面，需要过一座桥。兰兰一口气跑到桥上，突然想到，标点符号们在信封里要待上好几天，一定闷得很难受。把信封拆开，放他们出来？不行！他们都很固执，放他们出来，他们呼啦一下逃散了，那怎么办？这样一来，他们不仅要吃好多好多苦，受很多很多罪，甚至还可能会受害。

兰兰犹豫了。

64

　　她趴在大桥栏杆上，拿着信封，翻来覆去地看着、想着，一时拿不定主意。

　　突然，刮来一阵大风，把兰兰手里的信封刮掉了。

　　兰兰哭叫着："我的信！我的信！……"

　　信封随风飘哇，飘哇，渐渐地落到河里，像小船一样顺流而下。

　　"我反而害了他们！信封泡在水里，时间一长就会变酥（sū）糊烂，那时，他们就会被淹死！"兰兰急忙找了根长竹竿，准备去打捞，可就是够不着。

她眼巴巴地看它漂远，呜呜地哭了。

这时候，标点符号们在信封里互相埋怨着。

"我早就怀疑兰兰没安好心！"问号嘀咕（dí gu）着，"我们根本就不应该住在兰兰家里，更不该把她当作朋友！"

"是呀，算我瞎了眼认错了人！"感叹号也气愤地骂道，接着又冲着逗号喊，"都是你太轻信她！"

"谁知她竟一点儿信用也不讲！还拉了钩呢，真是一条小狗！"逗号委屈得直流泪水。

"算了，算了！现在埋怨谁也没有用。我们还是想想办法吧！"句号劝着大家。

"对，我们得想个办法。"省略号附和道。

感叹号第一次唉声叹气，说："现在还能有什么办法？信封口被兰兰用糨糊封住了，我们还能怎么出去？现在，我们一定是在邮车里。邮车将我们送到邮局，邮局再把我们送到火车上，火车把我们运回学校，校长把信封撕（sī）开，我们马上便会站在校长、老师和同学们面前。当同学们问起我们：'你们怎么跑到信封里去了？'我们该怎么回答呢？就说我们被兰兰骗了吗？这怎么好开口呢！我们竟然被一个小姑娘骗了，那多丢人哪！"

省略号、句号、逗号都低下了头，他们也感觉那太丢人了，就连问号也觉得没脸再见老师和同学们。

信封仍在河里漂着，漂着……

突然，感叹号惊叫道："不对！我们不是在邮车里！你们看，这信封怎么会湿了呢？"

标点符号们急忙朝脚下一看，只见信封已经湿了一大片，而且逐渐向四周扩散着。省略号恍然大悟，说："哦，我知道了！我们一定是在河里漂流着，一定是兰兰把我们扔到河里了。"

感叹号气愤地说："好一个兰兰，还自称是我们的姐姐，要做我们的朋友呢！怎么把我们扔进了河里？真恶毒！"

"不会，绝对不会。兰兰绝不会有意坑害我们，她不可能这样坏！"句号说。

"唔，我知道了！"逗号忽然高兴起来，说，"大概兰兰怕我们步行太累了，所以才想出了这个办法，让我们坐着信封船前进。"

"这样说也有道理。"省略号分析着，"但是，她也应该跟我们说一声才对呀。把我们封在信封里，我们怎能出得去？真是的……"

这时候，整个信封全湿透了。感叹号高兴地说："待在里头太闷了，我们还是把信封拱（gǒng）破，钻出去，站到上面去！"说着，感叹号便憋（biē）足了劲儿，猛一蹦，用脑袋把信封的上皮顶破了。可是，当他落下来的时候，信封的下皮也被他踏出个洞。只听见扑通一声，他掉进了河里。

句号急忙伸手去拉感叹号，可是，自己没站稳，反而被感叹号一起带进了河里。

这下，可把问号、逗号和省略号吓呆了。此时，河水"咕嘟咕嘟"直往信封里灌（guàn），他们慌作一团。

省略号见大事不好，急忙拉起逗号和问号，从信封上

面的那个洞钻了出去。他们喘了口气，便慌忙在河面上寻找落水的同伴。

"喏（nuò），在那里！"逗号眼尖，发现信封船后面不远的水面上有两个小黑点儿时隐时现，"珠子，大头，我们快设法救他们！"

省略号和问号一时都想不出好办法，只是叫喊着："警棍儿！圈圈儿！"

感叹号和句号听到了同学们的喊声，很想答应一下，可是，他们一会儿浮上水面，一会儿又沉到水里，河水灌得他们喊不出声来。因此，他们只好一面拼命地挣扎着，一面不时地向同学们招手。

　　逗号、问号、省略号想赶快把他们救上船来，可这信封船却一个劲儿地向前漂哇，漂哇，使他们总保持着一段距离。

　　省略号说："我们应该想办法把船停下来。"于是，他四处察看起来。他忽然发现信

封船正从一棵水草边驶过，连忙抓住了水草，挡住了信封船。信封船终于停了下来。

感叹号和句号被河水冲着，渐渐漂了过来。

逗号站在船沿上，让省略号拉住自己，然后"啪"地将长辫儿甩到河里，钩住了句号。省略号用力一拉，便把句号拉上了船。可是，当他们想去救感叹号的时候，只听得呼隆一声，他便不见了。原来，一条大鱼把他吃进了肚子里……

7 信封船漂哇漂

听音频

"警棍儿！警棍儿！"问号、省略号、逗号一起大声哭叫起来。

"警棍儿怎么啦？"句号一面呕着水，一面问着。他不知道发生了什么事儿。

"呜呜！"逗号一面哭泣，一面断断续续地说，"警棍儿……让……让……大鱼吃了！"

"什么？"句号把眼睛睁得大大的，愣了半晌（shǎng），突然哇哇地大哭起来。

哭，只有哭，除此以外，他们什么办法都没有。

逗号哭得直打嗝（gé）儿。

问号哭得眼皮肿得像小葡萄。

省略号哭得泪珠儿连成串。

句号哭得哑了嗓子枯了泪水。

　　"我们不能再这样哭下去了，太悲伤了，会搞垮身子的。"省略号提议，"警棍儿之前常说'男子汉不应哭鼻子'，我们也从来没见他哭过，所以，他即使死了，也一定不喜欢我们为他哭。来，我们为他默哀吧。"

　　于是，他们一个个低下了头……

　　信封船在河里漂哇，漂哇，也不知漂了几天几夜，漂到了一条大河里。

　　这条大河可不像小河的流水那样平稳。它就像一头浑身刺痒的狮子，在抖动着它那巨大的身躯狂奔乱跳。

　　信封船被汹涌（xiōng yǒng）的浪头冲击得又颠（diān）又晃（huàng），时不时还被高

高抛起，然后又跌进可怕的浪谷里。

逗号害怕得闭了眼，把长辫儿紧紧缠在省略号身上。

问号浑身哆嗦，紧紧钩住句号，哭丧着脸，直叫："这下完了！这下完了！"

只有省略号和句号稍微冷静些，一声不吭。其实，他们心里也十分害怕，只是没有流露出来而已。

突然，信封船一歪，跌进一个漩涡（wō）里。漩涡快速地旋转着，旋转着，呼呼的响声都快把他们的耳膜震破了。

"这下真的完了!"省略号心想。

"唉!可悲,伯舒岭去不成,反而要葬(zàng)身鱼腹了!"句号也暗暗想道。

问号浑身筛糠(shāi kāng),几乎瘫痪(tān huàn),连脖子都支撑不起他的大脑袋了。

害怕到了极点也就不害怕了。逗号勇敢地睁开眼,愤愤地骂道:"好一个臭兰兰!我们落到这个地步,都是让她坑的!"

他们都绝望了。

可正在这生死存亡的时刻,一股强大的旋(xuàn)风突然袭来,把信封船席卷到高高的天空。

这风来得太突然,力量也太大了。省略号和逗号没有来得及紧紧抓牢信封,从空中摔了下来。这会儿,问号一只手钩在句号身上,另一只手正巧钩在信封上皮的窟窿里,所以没被甩下来。

旋风打着转儿越过了一道又一道山梁。

句号和问号被风刮得晕头转向,但是,他们紧紧搂抱着,死抠(kōu)住信封不放。

旋风打着圈儿翻过了一座又一座山岭。

句号和问号被风转得眼花缭(liáo)乱,几乎要昏厥过去。但是,他们凭借着最后一点儿意识紧紧相抱着,牢牢地抓住信封不松手。

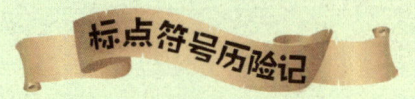

　　旋风乏力了，越跑越慢，终于停了下来。信封落到了悬崖边的一棵大树上。这时，一根树枝正好钩住了句号和问号，把他俩硬拉了下来。信封从树梢滑落，摇摇摆摆地飞落山谷。

　　也不知过了多久，问号醒过来了。他一看自己被挂在树枝上，又看看下面深不见底的山谷，害怕得不敢动弹，直乱叫着："圈圈儿！圈圈儿！我们怎么办哪？"

　　可是，句号紧闭双眼，根本不吱（zī）声。他还没醒过来呢！

　　"圈圈儿，你怎么啦？"问号高声叫着。

　　"我……我没什么。"句号慢慢睁开眼，吃力地说。他的声音很轻很轻，比往常轻多了。

　　"我们被挂在树上下不去了！"问号哭丧着脸说，"珠子和小不点儿也不知到哪儿去了！"说着，便哭了起来。

　　"哭不能解决问题。"句号说，"现在，最重要的是从树上下去，然后再设法去找珠子和小不点儿。"

　　"可是，我们怎么下去呀？"

　　句号想了想说："不难，你下树不难。只是我恐怕一直要挂在这里了。"

　　"那么，我该怎样下去呢？你快说！"问号现在想的只是自己怎样才能脱险，其余的一概不管——当然，哪怕句号在树上挂一辈子，他也不管。

　　"不对！你快放开我，到一边去，否则有危险！"忽然，句号急促地叫了起来。

　　一听有危险，问号本能地放开了句号，用身子钩住了邻近的一根树枝儿。

问号刚放开句号，句号便像一个陀螺一样旋转起来。要不是问号放得快，他准会被句号甩下树去，说不准摔到山谷里，跌得粉身碎骨。

句号乘坐转盘车什么的，下来以后就会中邪似的转，这问号知道，所以，他并不感到吃惊。他只是在一旁呆呆地看着。

是呀，刚才旋风的旋转力太强了，所以，这会儿句号转得飞快。

"大头，你快推一下我，这样，我就可以下树了！"句号绝处逢生，想出办法来了。

"他还没告诉我下树的办法呢！要是他先下去了，扔下我不管了，那可怎么办？"问号冒出了这个想法，于是，仍待在一旁不动弹。

"快推我一下吧！"句号着急了。

"我不推！"问号说，"你这样下去太危险了，会摔死的！"

"管不了那么多了！放手一搏，总比挂在树上等死强啊！"句号豁（huō）出去了。

"不，不！"问号终于忍不住了，说，"推你一下可以，但是，你得先告诉我用什么办法下树。"

"这大头也太不像话了！"句号心里骂了他一句，然后说："我保证帮助你下树，这总好了吧！快，推我一下！机

不可失，时不再来。要不，
我转得慢了，就飞不出去了！"

　　问号这才晃动了一下身子，
推了一下句号。

　　句号打着圈圈儿，呼的一声飞离了树
枝。这会儿，他又突然想起自己会气功，
所以运了运气，把身子鼓得大大的。这
下，他明显地转得慢了。句号平安无事地
落地啦！

　　"我下来了！我下来了！"句号高兴
地叫着，又对问号说，"谢谢你了！这下，
该你下树了。"

问号愁眉苦脸地说："这……这……太危险了！"

"怕危险，还算什么男子汉！"句号给他打气。

问号踌躇（chóu chú）一阵，终于说："那就试试吧！"

"胆大心细，保证出不了事儿！"句号又帮他鼓气。

问号开始下树了。他十分小心地钩住树枝儿，慢慢地爬到梢头。树梢弯下来了。问号便踩住下面的一根树枝，稳稳神，然后松手放掉原先的那根树枝。就这样，他离地面不远了。

"再加把劲儿！"句号叫道。

可是，这时候问号又胆怯了。原来，大树最低的一根树枝离地面还有两人多高，他无论如何都不敢往下跳。

"勇敢点儿跳吧！最多跌个跟头！"句号说。

"跌个跟头也罢了。"问号战战兢（jīng）兢地说，"如果那么一滚，弄不好摔下悬崖，那不就完啦？"

"别怕！"句号说，"有我呢，我会拉住你的！"

问号想：我就这样挂在树枝上也不是个办法呀！于是，他咬咬牙，闭闭眼，狠狠心，往下跳去。"扑通！"他脚没站稳，一个趔趄（liè qie），直往前冲去。

　　早已站在悬崖边的句号连忙扑向问号，问号终于在悬崖边停住了。可是，句号自己却被问号的一股冲力撞下了悬崖。

　　问号趴在悬崖边上，倒吸了一口凉气，惊吓得直翻白眼，好久好久不敢动弹。

事故发生得太突然了！句号根本没时间运气，就被摔得昏过去了。幸亏山谷里长满了厚厚一层草，否则，他就没命了！

　　不知过了多久，句号苏醒过来了。他在附近找了一阵，见问号不在，心里又是高兴又是担心。他高兴的是，自己这一摔没有白摔，把问号救了下来。担心的是，现在问号到底怎么样了？是不是也摔伤了？于是，他朝着山上喊叫起来："大头——大头！你在哪里？"

　　可是，山上没有回音。是呀，他的嗓子太沙哑了，声音实在太轻！于是，他忍着周身的疼痛，艰难地爬上了山。可是，他找了半天，也没见问号的影子。"他到哪儿去了呢？会不会被饿狼叼（diāo）走了，或者……"句号不敢往下想。

　　现在，悬崖边的大树下就句号一个人。他是多么孤独哇！

　　句号这回没有哭，他勒（lēi）勒裤带，咬咬牙，攥（zuàn）紧了拳头，暗下决心："走！剩下我一个人，也要到伯舒岭去！"

8 问号做了老鹰的耳朵

听音频

句号走出大山以后，问号在山的另一边也走出了山谷。不过，他们走的方向却是相反的。一个向西走，要到伯舒岭去；一个朝东走，要回学校去。

可是，问号走了没多远就走不动了，并且担心起来：回去的路上，会不会像刚才一样，再被大风刮到树上去呢？会不会像感叹号一样，掉进河里被鱼吃掉呢？

问号害怕了。现在就他一个，万一出现意外，连救他的人都没有。

忽然，空中飞来一只老鹰，他心想：人们都说雄鹰是勇敢的象征。如果让雄鹰带我去伯舒岭，那我一定会勇敢起来。我还可以找到圈圈儿，找到珠子和小不点儿，带他们一起去。那我不就成为大英雄了吗？

　　想到这里，他急忙向老鹰招呼了一下。他把自己去伯舒岭的事一五一十地向老鹰讲了一遍。老鹰满口答应，决定帮助问号找到他的伙伴儿，把他们一起送到伯舒岭。雄鹰说："让你坐在哪儿呢？骑在我背上？那会影响我展翅飞翔（xiáng）。这样吧，我的右耳被坏人打掉了，你就暂（zàn）且充当一下我的右耳吧！"

　　问号当然十分高兴。他爬到老鹰的右耳朵眼儿里，把腿伸进去，把头露在外面，看上去还真的像只耳朵呢！

老鹰飞起来了。可是，他刚刚飞起来，竟然胆小起来了，害怕自己飞不到伯舒岭。老鹰想了半天，才知道是带了问号的缘（yuán）故，弄得他也胆小了。于是，他只好对问号说："问号先生，你担心的问题太多了！这也害怕，那也担心，弄得我也担心起来了。这怎么能飞到伯舒岭呢？所以，我还是送你回学校吧，那里离这儿不远。"

问号当然很高兴，因为他不用担惊受怕了。

于是，老鹰回过头来，向着问号学校的方向飞去。

但是，老鹰飞了一阵，又不敢向前飞了，脑袋里冒出一个个问号：我这样走了，我的孩子会不会找我呢？把他们饿坏了怎么办？还有，去那儿要飞过好几条大河，万一我吃不消，一头栽进汹涌的波涛中，那怎么好呢？更可怕的是，沿途还会有坏小子拿着枪，那我的性命不就难保啦？想到这里，老鹰再也飞不动了，停在一块平地上，对大头说："问号先生，自从带上你，我担心的事情实在是太多了，还是请你下去吧。"

问号想赖着不走。

老鹰终于生气了："你快下来吧，否则，就别怪我不够朋友！”说着，便要用锐（ruì）利的爪子把问号抠出来。

"别抠！别抠！"问号怕老鹰的爪子抠破头，连滚带爬地下了地。

"这下，我可好受多了。"老鹰抖抖羽毛说，"问号先生，我们就此别过啦！"他一拍翅膀，朝天空飞去了。

问号望着远去的老鹰，心里一片空白……

9 哎哟，我不是着重号

听音频

省略号和逗号被旋风卷着，飘落到一个小土岗儿上，也脱险了。现在，他们正在到处找句号和问号呢！

"他们会不会……"逗号伤心地说。

"不要胡思乱想！"省略号打断了她的话，说，"旋风一定把他们刮得老远老远的。现在，说不定他们已经离伯舒岭很近很近了呢！所以，我们也赶快走吧。到了伯舒岭，一定会找到他们的。"说完，省略号辨别了一下方向，拉起逗号就向西走去。

他们整整走了三天三夜，走得双腿又酸又痛，终于走进了一座县城。

正巧，县城的广场上停着一辆公共汽车，车上一个人也没有。他们实在太累了，也不问问这汽车是到哪里去

的，便连忙爬了上去，并躺在座椅上休息起来。

不一会儿，这辆公共汽车开走了，开进了公共汽车站。汽车还没有停下，乘车的人便蜂拥而来，争抢着要坐这辆汽车。

他俩一看这乘车的人乱糟糟的，如果还待在车上，弄不好就会被人们踩在脚下。他俩慌忙爬起来，想找个地方躲一躲。

省略号东张西望，忽然看见车厢上贴着一张标语，上面写着：

响应祖国号召　向伯舒岭进发

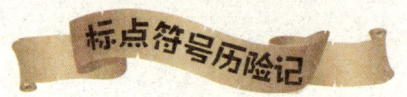

　　看来，这辆公共汽车曾经送过其他标点符号到伯舒岭去。省略号忽然发现这条标语中没有标点符号。于是，他急忙指着标语对逗号说："小不点儿，快来呀！这儿有你一个位置！"

　　逗号跑近一看，果然发现标语"响应祖国号召"的后面缺了一个逗号。

　　可是，这条标语贴得高了一点儿，逗号连蹦三次都没有蹦上去。省略号一见，抱起了她，就把她扔了上去。

　　逗号站在了"号召"两个字的后面，又急忙对省略号喊道：

响应祖国号召　向伯舒岭进发

"珠子，你快跳上来呀！"

可是，省略号把这条标语反复看了好几遍，都找不到适合自己的位置。他心想：如果我是个感叹号就好了，那我就可以站在标语的最后面。可是，我是个省略号哇！

是呀，这条标语上的确没有省略号的位置。不管省略号多么聪明，这时候也没有什么办法。

汽车的门开了，人们争抢着挤上车来。

逗号急忙喊道："珠子，快跳上来吧！当心人们踩着你！"

这时候，省略号也顾不得许多了，急忙跳到标语上，站在了标语的最后边。他知道这儿不是他的位置，因此，心里十分不安。

过了一会儿，人们都挤上了公共汽车，把汽车挤了个满满当当，大家喊（qī）喊喳喳地说着，笑着，嚷着，叫着。汽车上好不热闹。

汽车开动了，开出县城以后，行驶在一条柏（bǎi）油马路上，人们也渐渐地安静下来。

忽然，有位乘客发现了这条标语，嚷道："嘿！你们看这条标语，后面怎么多了一个省略号呢？"

许多乘客立刻把目光转到了这条标语上。

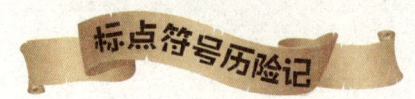
省略号心里止不住紧张起来，就连逗号也为他捏（niē）了一把汗。

乘客们七嘴八舌地议论起来："写这条标语的人，水平太低了，竟连标点符号都不会用！应该把他送到标点符号学校先学习两年，然后再让他回来写标语！"

省略号脸红了。他心想：我是实在没有办法了，才自己跳上来的。这不能怨写标语的人不会使用标点符号。

这时，一位中年妇女嚷道："这个省略号一定是从伯舒岭跑回来的，听说那里的生活可艰苦了。"

省略号委屈死了。他心想：你们净瞎猜，我才不怕艰苦呢！我是主动要求去伯舒岭的。

一位年轻小伙子又说："前几天，广播说首都标点符号学校有五位标点符号身体不适，校长不让他们去伯舒岭，他们就偷偷地跑出来了。看看人家这种精神，比这个省略号不知要强多少哩！"

这下，省略号心里可乐了。他在心里自豪地说："你们知道什么！我就是广播里要找的标点符号之一。那个绝顶聪明的珠子——省略号就是我！"

这时，省略号扭过头来，向逗号眨了眨眼。逗号的心里也是美滋滋的。

车上的乘客还在议论着：

"怕艰苦也不能跑到这里来呀！这里哪有省略号的位置？"

"就是，应该把省略号拿下来才对！"

省略号慌了。他本想赶快溜掉，可汽车上那么多双眼睛都在看着他，况且，车门也关着，他怎么能溜得掉呢？

省略号一动也不敢动。逗号的脸上也失去了笑容。

这时，有位乘客挤过来，说："我来纠正一下吧！"说着，便把省略号揪了下来，双手用力将他的身体拉长了一些，贴在了"向伯舒岭进发"六个字的下面，做了着重号。

"好！好！改得好！"汽车上立刻响起了一片叫好声。

可是，省略号却疼坏了。他心想：你们真坏！我本来是个省略号，怎么能硬把我当着重号使呢？

省略号真想喊出声来。可是，他不敢。他怕人们一旦知道了他就是广播里找的标点符号，会再把他装到信封里，寄回学校去。

好在人们渐渐不再注意他了。在汽车的颠晃下，乘

客们一个个都瞌（kē）睡起来。

省略号真想趁机缩回到原来的位置上。可他不敢，他怕被人们发现。到那时，说不定就要误大事了。因此，他只好忍着剧痛，一动不动地待在那里。

这时候，逗号轻声问道："珠子，怎么样？还疼吗？"

省略号哭丧着脸，低声回答道："疼，疼得要命呢！"

逗号安慰他："再忍耐一下吧！只要汽车停下来，我们就跳下去。"

省略号无可奈何，只好忍着疼痛点了点头。

汽车继续在马路上行驶着，一直走了很长很长时间，走了很远很远的路才停下来。逗号和省略号等人们都下了车，也急忙跳下车来。

车外是一片原野。

他们辨别了一下方向后，急急忙忙地向西走去。

逗号一边走，一边问省略号："还疼吗？"

省略号说："疼。不过，比在车上好多了。刚才在车上，疼得我真想大哭一阵。"

逗号笑着说："连自己的位置都找不到，活该让人家捉弄！"

　　"哼！捉弄我？"省略号气愤地说，"有机会，你看我怎么捉弄他们！"

　　逗号大笑道："哈哈！你呀，报复劲儿还不小呢！我看就算了，人家又不是故意的。"

　　"这倒也是。"省略号耸（sǒng）耸肩说。

他俩正一路说笑着，突然，前面一棵树下蹿出一个彪（biāo）形大汉，并且大吼一声："站住！你们哪里去？"

逗号吃了一惊，急忙往省略号身后躲。省略号也惊得目瞪口呆，紧紧拉着逗号，倒退了两步……

10 好心的白胡子老爷爷

省略号和逗号万万没有想到，会在这里遇到感叹号。省略号大吃一惊，急忙扑过去，高兴地喊道："警棍儿！警棍儿！真没想到你还活着！"说着，便一头扑进他的怀里，高兴地和他拥抱在一起。

逗号也急忙跑过来。三个人拥抱在一起，蹦啊，跳哇，一个个都流出了兴奋的眼泪。

他们高兴了一阵后，省略号问道："警棍儿，你不是被大鱼吃了吗？后来怎么脱险的？"

感叹号松开他俩的手，说："我被大鱼吃进肚里之后，几次想冲出鱼嘴，可是，这鱼一会儿喝一口水，一会儿喝一口水，灌得我怎么也冲不出去。这时候，我失去了信心，心想：看来，我真的要葬身鱼腹了。可没想到，这鱼游哇，游哇，一直游了好远好远，来到了一个河湾里。原来，她要产崽了。我本想趁着她产崽跑出去，可我的个子太大了，怎么也出不去。当时我想，我要是珠子就好了，那肯定能跑出去。后来，那鱼产完了崽，累得筋疲力尽。于是，我抓住这个机会，又与她搏斗起来。我一会儿拽（zhuài）她的心，一会儿拽她的肝。拽着，拽着，她疼得难受，大声呼救，我顺势撑开她的嘴巴，这才钻出鱼嘴，跳上岸来。真是死里逃生啊！高兴得我跑哇，跳哇。我刚刚来到这

里，这不，就碰见了你们。真是太巧了！"

省略号也把他们的遭遇，向感叹号讲了一遍。他们一边走，一边说笑着，一直走到天快黑的时候，一座山岭挡住了去路，才停了下来。

啊！这山岭好高，峰尖钻进云层里看都看不见，而且陡壁如刀削一般光滑笔直，连小路也没有一条。

他们为难了。

省略号想了想说："俗话说，山高没有人高，我们总会有办法过去的。不过，今天怎么也

不行了。天色太晚了，我们先在这里休息一夜，明天再想办法吧。"

于是，标点符号们便挤在一根电线杆底下抱头入睡了。

过了一会儿，一位白胡子老爷爷从这里路过，发现了标点符号们。白胡子老爷爷不认识他们，也不知道他们是干什么的，只是觉得很好玩儿。因此，白胡子老爷爷把他们捡起来，拿回家去了。

标点符号们睡得可死了。白胡子老爷爷把他们捡走，他们竟然一点儿也不知道。忽然，逗号在睡梦中迷迷糊糊地听到有人在议论他们。她睁开眼睛一看，吓了一大跳。她急忙晃醒省略号和感叹号，说："你们看，我们这是在哪儿啊？"

感叹号和省略号醒来一看，嗬！也都吓了一大跳！

原来，他们在一个小孩的手心里躺着！这个小孩戴着红领巾，还是个少先队员呢！旁边坐着一位白胡子老爷爷。只见白胡子老爷爷拿着一根长长的旱（hàn）烟袋，一边抽烟，一边对小孩说："他们是我从村外一根电线杆底下捡来的。"

小孩说："爷爷，这就是标点符号。写文章的时候，经常要用到。"

标点符号们看见小孩身边的桌子上正好放着铅笔和纸，立刻又想起了那个"好心"的兰兰姐。

感叹号心想：他是不是也想把我们装进信封里呢？想到这里，他急忙拉起逗号和省略号，跳到地上就向外跑。

但是，标点符号们跑得再快，也比不上人类跑得快呀！这个小孩只向前迈了一步，就把他们抓住了。

标点符号们一边挣扎，一边叫道："放开我们！放开我们！"

小孩笑着问："告诉我，你们是怎么跑到这儿来的？"

逗号说："还不是你那白胡子老爷爷把我们抓来的！"

白胡子老爷爷哈哈大笑，说："不错，是我把你们抓来的。可是，你们是怎么跑到电线杆底下的呢？"

"我们是响……"逗号本想说"我们是响应祖国号召，到伯舒岭去的"。但是，她话没说完，就被省略号打断了："我们是想爬过这座山，才到这儿来的。"

小孩惊讶（yà）地说："什么？你们要爬过这座山？这是好大一片山岭呢！山那边还有山，一座山挨着一座山，好多好多道山呢！你们怎么能爬得过去呢？"

标点符号们听了小孩的话，全都惊呆了。特别是逗号，急得哭起来。

省略号忙给逗号擦了擦

眼泪，说："不要哭，办法总会有的。"说着，便搔（sāo）了搔头皮。想了一会儿，他实在想不出好办法，只好向老爷爷求助："老爷爷，要到伯舒岭去，一定要过这座山岭吗？"

"一定要过的。"老爷爷说。

省略号又问："老爷爷，我们是从首都来的，能不能……"

省略号话没说完，就被那个小孩打断了："啊？这么说，你们一定是首都标点符号学校的学生了？"

感叹号和逗号一见小孩认出了他们就害怕了，省略号却不慌不忙地点了点头。

小孩又说："广播里正找你们呢！学校要你们赶快回去，说你们受不了伯舒岭地区的艰苦生活！"

省略号急忙解释道："祖国向我们标点符号发出了号召，如果我们都怕艰苦，不愿过艰苦生活，那么，让谁去响应祖国号召？又让谁去伯舒岭呢？"

小孩又问："那你们学校怎么不让你们去呢？"

省略号说："校长本来同意我们去了，可班主任老师硬向校长又哭又闹，校长才改变主意让我们回去的。可我们已经出来了，怎么能再回去呢？"

小孩听了省略号的话，十分感动，一拍胸脯，说：

"原来是这样！你们校长说话不算数，还算什么男子汉？男子汉说话就要算数！好，现在你们不要着急。我爷爷每天都要到山里去打猎（liè），明天让他送你们过山就是了。"

标点符号们用期望的目光看了看白胡子老爷爷。

"好！"白胡子老爷爷捋（lǚ）了捋他的长胡须，微笑着说，"明天，我就送你们过山。这下，你们高兴了吧？"

白胡子老爷爷答应得这么快，反而使标点符号们怀疑起来。吃一堑（qiàn），长一智。上回，他们可吃足兰兰的苦头了！于是，省略号就问："老爷爷，您说的话算不算数？"

"我爷爷说一不二，当然算数！"小孩大声说，"我们山里人最恨说话不算数的人！"

"那就太感谢你们爷孙俩了！"标点符号们终于没了顾虑。

这天晚上，标点符号们就睡在白胡子老爷爷的家里。第二天一早，小孩上学去了，白胡子老爷爷带着标点符号们上山里去了。

这山岭很高很高。白胡子老爷爷刚爬过一道山梁，就已经累得满头大汗。标点符号们担心把老爷爷累坏了，便从老爷爷身上跳下来，说什么也不让老爷爷再背他们了。

　　白胡子老爷爷说："你们不让我背，可你们自己又爬不过去呀！"

　　还是省略号有办法。他指着白胡子老爷爷身上背着的猎枪，说："嘿！老爷爷，有办法了！您用猎枪把我们打过山去怎么样？这不是比您背我们爬上去要……"

白胡子老爷爷一想，觉着是个办法，只是太危险了。可标点符号们不怕危险，他们说，就是粉身碎骨也不怕。

白胡子老爷爷只好取下猎枪，先把省略号装进了枪筒，朝着山顶上嘭（pēng）地放了一枪。省略号就像坐上了火箭，嗖嗖地向山那边飞去了。

白胡子老爷爷又照例送走了感叹号。接着，他又拿起逗号往枪筒里装。可是，逗号多了一条长辫子，怎么也装不进枪筒。这可怎么办呢？

聪明的省略号已经飞过山去了。感叹号也飞过山去了。

逗号想不出办法来。

白胡子老爷爷也没了办法。

★温馨提示：用猎枪打猎是故事情节所需，现实生活中不被允许，切勿模仿。

听音频

11 逗号哭出一条泪水河

逗号因为多了一条长辫子，怎么也装不进枪筒。装不进枪筒，就过不了山岭。过不了山岭，就到不了伯舒岭。

她实在没有办法，只好一狠心，说："老爷爷，干脆把我的辫子剪掉算了！"

老爷爷想了想，说："还是让我背你过去吧！"

逗号立刻着急地叫了起来："那不行！不行！绝对不行！这么一大片山岭，要走过去，需要多长时间哪！等到您把我背过去，说不定警棍儿和珠子他们，哦，就是感叹号和省略号他们，早已经走了呢！剩下

我一个人，可叫我怎么办呢？"

"可是，"白胡子老爷爷又说，"你是个标点符号，剪掉了辫子，还能做标点符号吗？"

"放心吧，老爷爷，我做不了逗号，还可以做着重号、间隔号哇！"

白胡子老爷爷没有别的办法，只好剪掉了逗号的辫子，这才把她装进枪筒，嘭的一声向山岭打去。

逗号出了老爷爷的枪筒，在山岭上空嗖嗖地猛飞，飞过了一道又一道山岭。但是，她到底还是没有飞过最后一道山岭。

为什么呢？因为她飞着飞着，就剩下最后一道山岭的时候，突然撞在了一片树叶上。树叶倒是被她撞掉了，她却一头扎进了树叶里，再也飞不动了。树叶带着她飘哇，飘哇，落到了山沟里。

这时，逗号拼命地挣扎起来，费了九牛二虎之力，终于从树叶里钻了出来。她站在树叶上，向前看了看，前面的山很高很高；向后看了看，后面的山也很高很高。她被夹在了两座山岭中间。

　　逗号不知道省略号和感叹号是不是飞过去了，于是，放开嗓门喊道："警棍儿——你在哪儿？珠子——你在哪儿？"

　　她喊了好半天，也没有听到任何回答。

　　逗号不知道他们是飞过去了呢，还是没有飞过去而出事故了。但是，不管是飞过去还是没有飞过去，对逗号来说，那都是很不妙的。如果他们飞过去了，那岂（qǐ）不是把她留在山里了吗？如果他们没有飞过去而出了事故，那当然就更麻烦了。

　　逗号绝望了，一屁股坐在树叶上，呜呜地哭了起来，哭得好伤心哪。

　　不过，她可不是怕死呀！她才不是那种胆小鬼、怕死鬼呢！她觉得，伯舒岭的人在急切地等待着标点符号们。可是，她却与同学们失去了联系。况且，她又不知道去伯舒岭的路。连路都不知道，那怎么能到目的地呢？

　　她哭着哭着，忽然感觉自己的身子晃动起来了。她惊恐地睁开眼睛一看，原来是她哭出的泪水汇成了一条小河，她坐着的树叶漂起来了。树叶成了一条小船，载着她顺着山沟七拐八弯地向前驶去。

逗号高兴起来了。她这才发现，自己的眼泪竟会流出这么多！可是，她一高兴，便不哭了。不哭了，眼泪也就不流了。眼泪不流了，山沟里也就没有水了。山沟里没有水了，树叶也就漂不起来了。树叶漂不起来了，那她怎么前进呢？于是，她又号啕大哭起来。那眼泪又哗哗地流了出来，重新汇成了一条泪水河。树叶重新漂了起来，慢慢地向前驶去，也不知过了多长时间，终于漂出了最后一道山岭。

她这才止住了哭泣。她想，要是珠子和警棍儿没出什么意外，他们一定就在附近，会等着自己的。可是，她找了半天也没见他们的影子，于是拔高声音叫了起来："警棍儿——珠子——感叹号——省略号——"

喊声传得很远很远，直到撞在山壁上又返回来，可是，她仍没听到任何回答。

"他们到底在哪儿呢？会不会……"她正在纳闷儿，忽然远处传来了一声沉闷的爆破声。逗号一惊，以为要下雷阵雨了，可是，抬头一看，天空十分晴朗，连一朵乌云也没有。她感到好奇怪，于是向爆破声传来的方向跑去。

12 逃出蚂蚁王国

听音频

感叹号、省略号自从离开了白胡子老爷爷的枪筒，也像逗号一样，借助着巨大的冲击力，一直飞呀，飞呀，都飞过了山岭。

可是，省略号从空中落下来，一头扎在了地上。巧得很，地上有一个大蚂蚁洞，他一头扎进蚂蚁洞里，正好砸在一只蚂蚁身上，把这只蚂蚁砸死了，他自己也摔得昏了过去。

　　这时，蚂蚁们乱作一团。有只蚂蚁马上报告了他们的头领，蚂蚁的头领就是那只蚁后。蚁后立刻来到现场，对蚂蚁们命令道："孩子们，赶快把这个家伙绑起来！"

　　十几只蚂蚁立刻冲上去，七手八脚地把省略号牢牢地绑了起来。

　　"快拿刀子来！"蚁后恶狠狠地说，"我要亲自宰了他，为我那死去的孩儿报仇！"

　　一群小蚂蚁立刻抬来了一把寒光直射的大刀，放在蚁后面前。

　　蚁后操起大刀，一步一步地朝省略号逼近。

　　这时候，省略号刚刚醒来，他不明白蚂蚁为什么要绑住自己，更不明白他们为什么要杀死自己，于是一面挣扎，一面叫道："我跟你们无冤无仇，你们为什么要杀我？"

　　"还说跟我们无冤无仇？"蚁后凶神恶煞（shà）地说，"睁开眼看看吧，你把我的一个孩儿砸死了！"

　　省略号低头一看，地上果然躺着一只死蚂蚁。

　　"现在，你知罪了吧？"蚁后暴着红眼珠说。

　　"不，不！"省略号急忙分辩，"我是无意的。你的孩子死了，我也很难过。可是，我是无意的呀。无意就没有罪过，你不应该杀我。"

　　"谁听你的花言巧语！"蚁后又逼近了一步。

　　"完了！碰到一个蛮不讲理的恶鬼，这下可真的完

了！"省略号绝望地闭上眼睛。忽然，他灵光一闪，于是睁开眼，说："且慢！或许，你的孩儿还没死，只是晕过去了。我会治病，也许能把你的孩儿救活！"省略号想耍个花招，他想，只要自己被松绑，他就拔腿儿溜，蚂蚁们想追自己也来不及了。

可是，蚁后不上当，她吼叫着："我的孩子被你砸得没气儿了，还能有救？你分明是想金蝉脱壳（qiào）！你这狡猾的家伙，我现在就宰了你！"说着，她双手举起大刀就向省略号砍去。

"啊！"省略号绝望地叫了出来。

　　"啊!"与此同时,蚁后也惨叫了一声,紧接着,只听见"咣当——扑通"一阵响,只见那大刀划着一道银弧飞到半空,蚁后倒在地上直翻滚儿。

　　这是怎么回事呢?

　　原来,在这千钧(jūn)一发(fà)之际,感叹号也飞过山来了,他不偏不斜正好撞到了蚁后的胳膊上。感叹号的头本来就硬,再加上飞行的速度很快,竟把蚁后的两条胳膊都撞断了。这时,他连忙从地上爬了起来。

　　"警棍儿,快来救我!"省略号大声疾呼道。

　　"我来了!"感叹号三蹦两跳就赶了过去。

这时候，蚂蚁们乱作一团。

"快，快！"蚁后倒在血泊（pō）中仍恶狠狠地叫道，"孩儿们，快冲上去，把这个家伙也绑了！"

于是，成千上万只蚂蚁涌了过去。

救人要紧！感叹号顾不上还击，就来帮省略号解绳子。可是，这绳子一道道捆（kǔn）得太多了，而且都是死结，感叹号费了好大的劲儿，才解下了一根。

成百上千只蚂蚁爬到了感叹号身上，对着他的大腿、脊梁、胸膛、肚子拼命地咬着。

感叹号又痒又痛，可是，他忍耐着，继续解着捆在省略号身上的绳子。哎！这绳子太难解了。他着实急了。可越急，绳子越难解。

成千上万只蚂蚁爬到了感叹号身上，他们将尖嘴插进他的皮肤里，注射着毒素。

感叹号只觉得浑身麻木，手脚不听使唤，眼前一黑，便直挺挺地倒下了。

蚂蚁们把感叹号和省略号绑到了一块儿。

"都是我害了你！"省略号看着不省人事的感叹号，难过得哭了起来。

断了双臂的蚁后变得更加穷凶极恶，只是她的宝刀已不知飞到什么地方去了，否则，她一定会指挥她的孩儿们

用尽办法把省略号和感叹号活活地折磨死，这样她心里才感到痛快。

然而，正在蚂蚁们得意的时候，突然天空中飞来了一个巨人，他的样子很怪，像一个汽车轮胎。他在天空中盘旋了一会儿，就落到地上，去帮省略号解绳子。

"你是谁？为什么要救我们？"省略号觉得面前这个巨人有点儿面熟，但是又不认识他。

"我就是圈圈儿。怎么？不认识我啦？"巨人说。

省略号仔细地打量了一下巨人，兴奋地叫了起来："圈圈儿！你真是圈圈儿！不过你怎……怎……"他想说"你怎么变得怪模（mú）怪样了"，但是，始终没说出口。

蚁后看到一个巨人从天而降，先是吃了一惊，接着，便疯狂地叫了起来："孩儿们！快，快把这个大家伙也绑起来！"

成千上万只蚂蚁倾巢（cháo）而出。

"你一个人救不了我们！"省略号大声说，"圈圈儿，你快跑吧！否则……"

"不！"句号说，"我一定要救你们！"

"可是，让他们抓住就糟啦！"

"我不怕！"句号说，"我死也要跟你们死在一起！"

"不！不！"省略号急了，"你这样蛮干，会白白送命的！"

"你别为我担心！"句号胸有成竹地说，"我会有办法对付这些坏蛋的！"说着便一跳，两手叉腰，面对蚁群摆出了决斗的架势。

数以万计的蚂蚁把句号围得水泄不通。可是，站在他们面前的毕竟是个巨人，所以，一时不敢轻举妄（wàng）动。

"你们这些坏蛋！"句号高声叫骂着，"赶快把我的两个朋友放了，否则，我饶不了你们！"

"孩儿们，上啊！把他绑起来！"断臂蚁后吼叫着。

"来，你们来绑我吧！"句号高叫一声，暗中运气。他的肚子本来就大，这回更大了。

蚂蚁们蜂拥而上。

突然，只听见嘭的一声响，句号的肚脐（qí）眼里喷出了一股强烈的气浪。这气浪卷着灰尘，把句号面前的蚂蚁吹到了半空。

蚂蚁们顿时阵脚大乱。

句号可不放过他们。他慢慢地旋转着，把他们吹得东倒西歪，四处飞扬。整个天空，霎时一片昏黑，就好像谁从飞机上把整袋整袋的芝麻倒了下来。

蚁群遭到了毁灭性的打击。

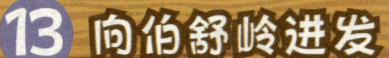

听音频

13 向伯舒岭进发

句号连忙救下了省略号和感叹号。这时，感叹号也苏醒过来了，但是，他浑身是小红点儿，又疼又痒。

不知怎么回事，句号渐渐变得又扁又瘪（biě），忽然瘫倒在地上了。

"圈圈儿！圈圈儿！"感叹号失声大叫道。

"圈圈儿！你怎么啦？"省略号也惊呆了。

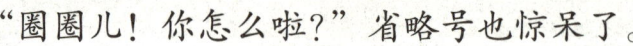

　　"不要紧，不要紧。"句号趴在地上，嚅（rú）动嘴唇，声音十分微弱，很吃力地说，"快把我的肚脐眼儿塞上。"

　　省略号一看，句号的肚脐眼儿果然暴了出来，于是，用食指一顶，使劲把它塞了进去。

　　"哎哟！疼死我了！"句号大叫了一声，额上顿时渗（shèn）出了一颗颗黄豆般的汗珠。

　　"要紧不要紧？"省略号赶紧问。

　　"没关系。疼一会儿就好了。"句号呼哧呼哧地喘气儿，没一阵工夫，他的肚子果真一点点儿大了起来，不过，只有他原先的那样大。这会儿，他不再是"巨人"了。

　　"你们怎么被蚂蚁绑起来了呢？"句号问省略号。

省略号把事情一五一十地说了。

"咦？警棍儿，你又是怎样从鱼肚子里逃出来的？"句号又问。

感叹号又把自己的遭遇说了个大概，然后问："圈圈儿，你刚才怎么变得那样大？而且还能喷气？你从哪里学来的本领？"

"哦，是这样的……"于是，句号给他们讲起了自己的经历——

原来，句号在山上没找到问号，以为他让什么野兽叼走了，便独自走出了山谷，沿着一条柏油马路一直向西走去。

一路上，他不敢坐车，生怕让人看见，再次把他抓住。因此，一看见汽车过来，他就连忙藏起来。等汽车过去以后，他才出来。可是，他走着走着，忽然发现前边马路上停着一辆汽车。他等了好半天，那汽车就是不走。句号觉得不能一直等下去，于是，只好硬着头皮往前走。他本想悄悄地溜过去，但没有成功。汽车司机发现了他，一把就把他抓住了。

汽车司机高兴地说："啊，这下可好了！我再也不用发愁了！"

句号不安地问道："你要干什么？放了我！你放了我！"

"我要干什么？"司机说，"很简单，我的汽车轮胎坏了，在这半道上又没处可修，所以，只好委屈你一下，代替这只轮胎，把我送回家去。"

句号说："你的轮胎那么大，我的个子这么小，怎么能代替呢？"

司机说："这不要紧，我用打气筒给你打足气，你不就和其他三个轮胎一样大了吗？"

句号知道自己的肚子能充气，他的外号本来就叫"救生圈圈儿"嘛！可是，救生圈圈儿没有汽车轮胎大，况且，还要在汽车下滚动。他受得了吗？

句号惊呆了。他万万没有想到汽车司机会想出这种办法，让他充当这种角色！他真有点儿不寒而栗（lì）了。

司机为句号充足了气，三下五除二，麻利地把他安在了汽车上。

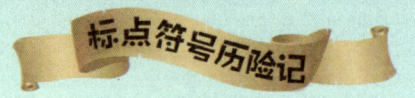

汽车开动了，而且越开越快。

句号早已经被转得晕头转向，而且一路颠簸（bǒ），颠得他出了一身大汗。他几次想抠开自己的肚脐眼儿，把气放掉。可是，他一想到那样做，就会把汽车掀（xiān）翻在路沟里，汽车司机就会被摔死，他的心就软了。因此，他只好硬撑着，一直把汽车司机送到家里。

司机忙把句号卸（xiè）了下来。他非常感激句号的帮助，不然，他现在还在半道上抓耳挠腮（sāi）呢。

汽车司机本想让句号在他家里多住几天，然后，再买些礼物送给他，以表示自己的谢意。可是，司机忘了自己给句号打足了气，句号已经轻飘飘的了。把句号卸下后，一松手，句号竟飘了起来。等司机发觉之后，句号已经飘得很高很高了，再也够不着了。

司机愣住了，他觉得自己很对不起句号。可是，句号却很感激司机。因为这样飘着走太轻松了，而且不用担心人们会把他抓住。

句号在空中一边向司机招手，一边高声喊道："再见——谢谢你了——"

司机愣愣地站在地上，一句话也说不出来。

句号顺风飘哇，飘哇，飘了很远很远。他用不着发愁过河呀，爬山哪，山河都在他下面；他也用不着担心被人们发现，把他送回学校去，谁也摸不着他。就这样，他无忧无虑地飘哇，飘哇，一心只盼着赶快飘到伯舒岭，尽快找到自己的伙伴。恰巧，飘到此处上空时，他看到了被绑着的省略号和感叹号，于是下来搭救他们。

句号讲完自己的故事，省略号打趣他："圈圈儿，这一次，你可真成了救生圈圈儿了，地地道道的救生圈圈儿！"

感叹号听了，哈哈大笑起来。

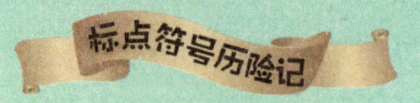

句号乐了，他也想舒舒服服地大笑一下，可是他不敢，因为那样一来，说不定他的肚脐眼儿又要暴出来了。

他们正说笑着，忽然，远处传来了一个十分熟悉的叫声："珠子——警棍儿——圈圈儿——"原来，逗号找来了。只见她跑着，跳着，扬着小手，可欢快啦！

"小不点儿！小不点儿！"三个人都飞跑着迎了过去。

四个小伙伴拥抱在一起。

忽然，省略号大叫一声"不好"，原来，他太兴奋了，竟把逗号的"长辫子"拔了下来。"糟糕，糟糕！"省略号急得直跺脚。

"咯咯！咯咯！"逗号却发出银铃般的笑声，"我的辫子早就没了！珠子，你再看看，你手里是什么东西？"

省略号一看，原来手里捏着的是一根藤（téng）条。他糊涂了，问："小不点儿，你的辫子哪里去了？"

逗号把经过说了。

"真是太有趣了！"省略号说，"小不点儿，从现在起你就不是逗号了，所以，得重新起个名字！"

"不，不嘛！"逗号撒起娇来，"我仍旧要做逗号。如果做了着重号和间隔号，一篇文章中就难得出现一次，甚至没我的影子，那不把我憋出毛病才怪呢！"

"好，好！"省略号把藤条重新安在她的脑袋上，笑着说，"不过，你只能算是冒牌的逗号啦！"

"冒牌就冒牌呗！"逗号又咯咯笑了。

"不，不是冒牌的！"句号说话了，"小不点儿，你的性格，你的脾气，什么都没变，所以，你仍旧是个顶呱呱的逗号！"

"对，对！我仍旧是逗号！"逗号高兴地搂住了句号的脖子。

"对，对！"省略号和感叹号也笑了。

他们又整装出发了。也不知走了多少天，一天早晨，他们来到了一个火车站。

火车站广场上热闹非凡，那儿站着一队队标点符号，正在接受人们的热烈欢送。

省略号连忙上前打

听，才知道，这些标点符号都是从全国各地来的，他们在这个城市休息了两天以后，现在准备乘火车赶赴伯舒岭。

他们高兴得手舞足蹈，商量了一阵，决定混进这些标点符号的队伍里去，坐火车去目的地。

他们的计划成功啦！

14 迟到的后悔

听音频

标点符号们乘火车来到伯舒岭，一出火车站，看着车站广场上聚集着成千上万个标点符号，止不住高兴得流出了眼泪。

是啊，他们历尽千辛万苦，克服艰难险阻，今天终于来到了伯舒岭！

广场上有一个标点符号接待站，专门负责标点符号的接待和登记工作。凡是来到伯舒岭的标点符号，都要在这里登记。当他们来到这里时，前面已经挤着许许多多标点符号。其中，有句号，有冒号，有引号，有问号，有省略号，有感叹号，有逗号，有间隔号，还有破折号，等等。不过，他们一个也不认识，因为这些标点符号都不是他们学校的。

在接待站门口，站着一位接待人员，是个大括号。大括号的右臂上戴着一个红袖章，袖章上印着"站长"两个字。

句号他们好不容易才挤到了大括号站长面前。

逗号拉住站长的手，说："站长，我们终于来到了这里！

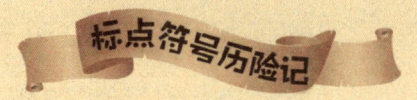

快给我们登记一下吧！"

大括号站长问："你们从哪儿来？叫什么名字？"

逗号忙回答："我们是从首都标点符号学校来的。他叫警棍儿，哦，不！他叫感叹号。他叫省略号。他叫句号。我叫逗号。不过，在路上，我的辫子被剪掉了……"

逗号话没说完，大括号站长便恍然大悟："我知道了！前不久，你们学校还在找你们呢。咦？不对呀！你们不是有五个人吗？怎么缺了一个呢？"

标点符号们这时想起了问号，一个个低下了头，眼圈儿也都湿润起来。

大括号站长一看他们的表情，立刻明白了，于是连忙说："好了，我这就给你们登记！不过，你们两个负了伤，还有两个神情也不好，得先到医院去治疗一下。"说着，大括号站长马上叫来了一个接待员，是个书名号。书名号立刻把他们送到了伯舒岭地区标点符号医院。

句号他们的到来，很快轰（hōng）动了伯舒岭地区。一群新闻记者马上来到医院，又是询问，又是照相，纷纷赞扬他们是坚强勇敢的标点符号。

第二天，各家报纸都在头版头条发表了长篇通讯——《标点符号历险记》。同时，报纸还刊（kān）登了感叹号、省略号、句号、逗号的照片。照片的下面，还有一条消息：

　　春风社伯舒岭消息：前不久，首都标点符号学校的五名为响应祖国号召而冲破种种阻力，前往伯舒岭的标点符号同学，经过一万公里的长途跋涉（bá shè），克服了重重艰难险阻，其中，已有四名同学到达伯舒岭。他们有的受了伤，有的得了病。这四名同学是：逗号、句号、感叹号和省略号。另一名同学——问号，却在途中失散，至今仍下落不明，很可能已经不幸牺牲。

　　四位标点符号的到来，受到了伯舒岭地区少数

民族同胞和其他标点符号的诚挚（zhì）欢迎。他们在伯舒岭地区标点符号医院接受治疗后，便将投入火热的工作中。

这条消息在报纸上一刊登，很快便传到了首都标点符号学校。全校立刻沸（fèi）腾起来了。

许多标点符号又拥在校长办公室的门口，纷纷表示，要响应祖国号召，到伯舒岭去。甚至，还有很多标点符号也要步行去伯舒岭呢。

那个戴深度近视眼镜的小姑娘老师，看完了长篇通讯《标点符号

历险记》之后，感动得把眼睛都哭肿了。她马上找到校长，说："校长，我做错了。我不该阻拦他们，不然，问号绝对不会牺牲的。校长，我想通了，他们做得对，应该响应祖国的号召。可是，我确实非常喜欢他们！所以，让我也到伯舒岭去吧！我要在那里继续培养他们。"

校长被小姑娘老师的精神深深打动了，他擦了擦眼泪，说："是啊，他们的确很可爱。可是，如果你们当老师的都走了，我这个学校要怎么办呢？"

小姑娘老师见校长不答应，便缠着校长哭了起来，一边哭，一边说："校长，您让我去吧！缺我一个老师，您这个学校怎么就办不成了呢？您让我去吧……"

校长被缠得没了办法，便答应道："好了！好了！你去吧！但是，有一个条件！你要亲自率领一万名标点符号，到伯舒岭建立一个标点符号分校。"

小姑娘老师高兴地答应了。

在校长和老师的积极组织下，一万名要去伯舒岭的标点符号，很快做好了准备。他们排成了十路纵队，在小姑娘老师的率领下，唱着响亮的歌儿，浩浩荡荡地离开了首都标点符号学校，向火车站走去。

小姑娘老师在前面领队，一直走到火车站，可是，他

们的队尾还在学校操场上呢！从学校到火车站的马路，全让标点符号的队伍占领了。

马路两旁站着很多很多看热闹的人，问号也挤在其中。原来，老鹰丢下他的地方不远处正好有个汽车站，他就乘车回来了。但是，他又害怕同学们问他为什么一个人回来了，那脸皮往什么地方搁（gē）呀？所以，他一直不敢回学校。刚才，他看到了报纸上的长篇通讯——《标点符号历险记》，才知道大伙儿还以为他死了呢。他怕校长、老师和同学们为他的死而悲伤，才急急忙忙地跑到学校来。可他没想到，小姑娘老师竟然带着这么多同学要去伯舒岭呢！

问号这才后悔了，后悔中途跑回来。如果当初跟着句号一起到达伯舒岭，那么，他现在不也是个英雄了吗？他的照片肯定也会登在报纸上。

问号看着标点符号前进的队伍，突然勇气倍增。他拼命地从人缝里挤出来，准备跟着队伍一起走。可是，他刚挤了几下，又不知怎的犹豫起来，心想：我这样冒冒失失地出去，同学们会不会讥笑我呢？还有，即使到了伯舒岭，警棍儿他们知道了事情的真相以后，会不会骂我是可耻的逃兵……

"唉!"他长长地叹了口气,朝地上一蹲(dūn),双手捂着自己的大脑袋,十分痛心地自语道,"大头哇大头!你什么时候才能真正勇敢起来呢?"

挑战百分百

抢救故事列车

21分

故事列车每节车厢都载有《标点符号历险记》的情节段落，但是因为接错了车厢顺序，无法行驶。请根据阅读后的印象，写出车厢的正确排序，让火车顺利过山洞！

1

2

选择大闯关

28分

1. 伯舒岭山区的人说话是什么样子？（　　　）

　　A. 像唱歌一样　　　　　　B. 像打机关枪一样

2. 听到去伯舒岭的消息后，谁主动去给感叹号报信？

　　　　　　　　　　　　　　　　　　（　　　）

　　A. 省略号　　　　　　　　B. 句号

3. 抱着句号转圈，相约去伯舒岭的是（　　　）。

　　A. 省略号　　　　　　　　B. 感叹号

4. 在黑板上给校长和班主任写留言的是（　　　）。

　　A. 省略号　　　　　　　　B. 感叹号

5. 逗号和问号比赛谁先跑到火车站前的广场，比赛的
　　结果是（　　　）赢了。

　　A. 逗号　　　　　　　　　B. 问号

6. 在火车站广场上，钻进一片卷着的树叶的是（　　　）。

　　A. 句号　　　　　　　　　B. 逗号

7. 在公共汽车上为了躲避李老师的搜寻，句号藏到了（　　）。

    A. 地板缝里   B. 细螺栓上

8. 过水沟时，（　　）做了开路先锋。

    A. 圈圈儿   B. 逗号

9. 标点符号们的腿累得不能走路了，是（　　）给大家按摩。

    A. 句号   B. 感叹号

10. 五个标点中（　　）是从大鱼的肚子逃生的。

    A. 省略号   B. 感叹号

11. 与蚁群作斗争时从天而降的巨人英雄是（　　）。

    A. 句号   B. 问号

12. 句号被司机当作（　　）带回了家。

    A. 方向盘   B. 轮胎

13. 没有顺利到达伯舒岭的是（　　）。

    A. 问号   B. 省略号

14. 标点符号接待站的站长是（　　）。

    A. 中括号   B. 大括号

判断小·能手

30分

1. 省略号的名字叫圈圈儿。 （　　）

2. 警棍儿大大咧咧的，但是脾气不错。 （　　）

3. 校长一直都不同意标点符号们去伯舒岭。（　　）

4. 去伯舒岭时，准备好地图的是感叹号。 （　　）

5. 守在飞机场阻止标点符号们去伯舒岭的是小姑娘老师。 （　　）

6. 标点符号们全都到了蚂蚁王国。 （　　）

7. 在公共汽车上，省略号站错了位置，被别人纠正成着重号。 （　　）

8. 标点符号们是白胡子老爷爷在河边捡来的。（　　）

9. 逗号舍不得自己的长辫子，所以没有被白胡子老爷爷送过山岭。 （　　）

10. 小姑娘老师最后带领首都标点符号学校的同学们奔赴伯舒岭。 （　　）

第四关

连线大作战

21分

小朋友们，猜猜下面这些句子描述的人物对应的是谁？请用线连一连。

胆小怕事，遇事犹豫不决，一遇上问题，脑袋就会胀大。

形象威武，个子最高，有点儿鲁莽，脾气最急。

沙喉咙，声音低低的，有团队精神，为人最热心。

一甩长辫，勇敢无比，遇到危险不胆怯，是女中豪杰。

被称为"秀才"，头脑灵活，生性幽默，妙语连珠。

五个标点符号的班主任，舍不得他们离开学校去伯舒岭。

是个好心的小姑娘，好心办坏事，做了一件不讲信用的事。

附录2

标点跟我学

下载自测练习

标点符号歌

一句话完了，画个小圆圈（ 。 ）

中间要停顿，圆点带个尾（ ， ）

并列词语间，点个瓜子点（ 、 ）

总结导语前，上下两圆点（ ： ）

有话说出口，也要用上它（ ： ）

并列分句间，圆点加逗点（ ； ）

疑问与发问，耳朵坠耳环（ ？ ）

命令打招呼，滴水下屋檐（ ！ ）

惊奇与感叹，它也少不了（ ！ ）

引文特殊词，蝌蚪上下窜（ " " ）

有话对人讲，也会被它围（ " " ）

转折或注释，一横写后边（ —— ）

意思说不完，六点紧相连（ …… ）

句号歌

一句末尾用句号，
语气平缓调不高。
读书见它要停顿，
作文断句莫忘掉。

句号一般放在陈述句后面，表示句子的结束。

例 姐姐在教室里专心致志地看书。

逗号歌

标点符号谁最忙？
逗号使用最频繁。
句子中间要停顿，
往往由它来值班。

逗号一般放句子的中间，起停顿的作用。

例 冬天过去了，微风悄悄地送来了春天。

问号歌

有疑有问用问号，

设问、反问也需要。

遇它读出语调来，

看书见它要思考。

表示一句问话完了之后的停顿，可用于疑问句、设问句、反问句。

例 1 他今天为什么迟到？

例 2 难道你不相信我吗？

叹号歌

感情强烈句和段，

其中叹号常出现。

请求、反问都该用，

有它文章起波澜。

表示强烈感情的句子末尾的停顿，用于感叹句、祈使句。

例 1 啊，最美的夏夜！

例 2 请看这儿！

五 省略号

省略号歌

省略号，六个点，

千言万语全包揽。

表示省略用到它，

说话断续把它添。

表示文中省略的部分或语句的停顿。

例 1 动物园里有大象、老虎、狮子……

例 2 "对……对不起，我……我不应该……欺负小弟弟。"

请给下面的句子填上恰当的标点符号。

1. 去好呢□ 还是不去好呢□

2. 你看到什么了□ 孩子□

3. 我也不知道该不该去□

4. 能否更上一层楼□ 主要是看我们的努力程度怎么样□

5. 再见吧□ 亲爱的妈妈□

6. 全体起立□

7. □这孩子的嘴多巧□李阿姨说□

8. □冬冬□王老师来了□冬冬的妈妈说□还不快给王老师倒杯水□

9. 到达目的地后□我看见了好大一片果园啊□

10. □我想□那是□如果你不介意的话□他想了想□最后不再说了□

看答案

《标点符号历险记》面世后，首都标点符号学校的感叹号、句号、省略号、逗号、问号便收获了不少"粉丝"，现在他们的人气可高了！亲爱的小朋友们，你最喜欢谁呢？请把他（她）的贴纸贴在下面。对了，不要忘记告诉大家，你喜欢他（她）的理由哦！

理　由：

- -

- -

- -

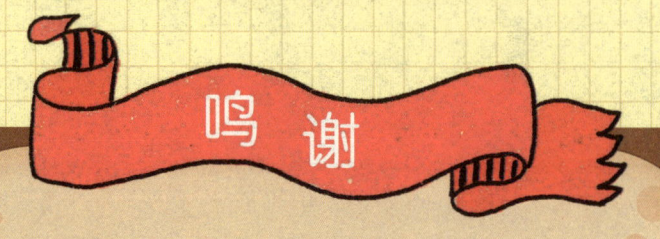

鸣 谢

　　《标点符号历险记》自2017年出版以来，受到广大读者的喜爱。在此，感谢广大读者的一直以来的支持与厚爱。随着时间发展，为适应读者阅读的新需求，我们对图书内容进行了修订与完善，形成了第2版。

　　特此鸣谢朱霞骏、王爱玲、刘维丽、徐美华、李雪宝、曲雪梅等老师积极参与本书附录以及自测练习的修订。